# Schnelle Gerichte!

Anne Lucas

# Schnelle Gerichte!

Bassermann

# INHALTSVERZEICHNIS

## SCHNELLER ALS DER LIEFERSERVICE Seite 6
• Vorratshaltung • Lagerung • Convenience-Produkte • Wochenplaner
• Küchenausstattung • Organisation • Mittagssnacks im Berufsalltag

## BROTZEIT & BLITZGERICHTE Seite 14
• Sandwiches • Burger • Brötchen • Crostini • Kleine Gerichte • Brotaufstriche

## SALATE, SUPPEN & EINTÖPFE Seite 54
• Eintöpfe • Currys • Mit Gemüse • Mit Obst • Mit Fleisch • Mit Fisch

## PASTA, PIZZA, REIS, KARTOFFELN Seite 100
• Risotto • Pilaw • Fladenbrot • Nudelgerichte • Pizza

## FLEISCH & FISCH Seite 166
• Aus der Pfanne • Aus dem Topf • Aus dem Wok • Aus dem Backofen

## REZEPTREGISTER Seite 220
## IMPRESSUM Seite 224

# SCHNELLER ALS DER LIEFERSERVICE

Geht das überhaupt? Dieses Kochbuch gibt den Beweis! Wenn plötzlich der große Hunger kommt, scheint die beste, schnellste und einfachste Lösung der Griff zum Telefon. Der Lieferservice soll Abwechslung auf den Tisch bringen, und zwar schnell. Aber: Mitunter sind bis zu 45 Minuten Wartezeit zäh wie Kaugummi, das gelieferte Essen meistens lauwarm. Mit diesem Buch geben wir Ihnen Besseres an die Hand: Wir liefern die Anleitungen für internationale Gerichte, die wirklich schnell gehen, keinen Mindestbestellwert haben, heiß auf den Teller kommen und obendrein noch sehr viel besser schmecken.

## Dieses Kochbuch weist den Weg zu schnellem Genuss:

- Mehr als 140 leckere und einfach zu kochende Rezepte.
- Alle Gerichte sind in maximal 45 Minuten zubereitet.
- Die Gerichte kommen sofort frisch, knackig bzw. heiß auf den Tisch.
- Für Abwechslung ist gesorgt. Die Rezepte stammen aus Italien, Asien, dem Orient, dem Mittelmeerraum, Deutschland und weiteren Ländern.
- Die Rezepte enthalten keine unerwünschten Zusatzstoffe wie Aromen oder Geschmacksverstärker.
- Die Zutaten für die Rezepte sind in gut sortierten Supermärkten erhältlich.
- Die Rezepte sind für zwei Personen, können jedoch problemlos verdoppelt oder verdreifacht werden, um auch Familien zu verköstigen.
- Mit Tipps und Querverweisen zu den Gerichten können die Rezepte abgewandelt, vereinfacht oder aufgewertet werden.

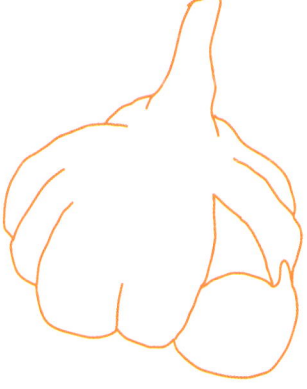

# DIE VORRATSHALTUNG DER ZUTATEN

Zeitsparendes Kochen setzt eine gewisse Vorratshaltung voraus. Sind die Grundzutaten erst einmal im Haus, werden der wöchentliche Einkauf erleichtert und ein abwechslungsreiches Kochen ermöglicht. Die Entscheidung, was gekocht wird, lässt sich dann spontan treffen. Auch wenn unerwarteter Besuch vor der Tür steht, können Sie Ihre Gäste mit einem guten und leckeren Essen verwöhnen. Zum Beispiel mit einem Nudelgericht oder mit einem Risotto. Wenn Sie dann noch über einen Kräutertopf verfügen, können Sie etwas Frische zufügen.

## Lebensmittelvorrat als Basis für schnelles, stressfreies Kochen:

**Tiefkühl**
Blattspinat, grüne Bohnen, Brokkoli, Erbsen, Fisch, Garnelen

**Dosenware**
stückige Tomaten, Hülsenfrüchte (Kichererbsen, Bohnen, Linsen)

**Trockene Ware**
Nudeln (verschiedene Formen), Reis, Instant-Bulgur, Instant-Couscous, Semmelbrösel

**Frische Ware**
Kartoffeln, Knoblauch, Zitronen, Zwiebeln, Limetten, Eier, Milch

**Fette**
Öl, Butter, Butterschmalz

**Geschmacksgeber**
Biobrühepulver, Essig, Tomatenmark, Salz, Pfeffer, Chiliflocken, Kümmel, Zimt, Curry-, Paprikapulver sowie getrocknete Kräuter, Oregano, Senf, Salz

**Kräuter im Topf**
Basilikum, Petersilie, Thymian usw.

**Sonstiges**
Mehl, Parmesan, Backpulver, Pizzateig-Backmischung

# DIE LAGERUNG DER ZUTATEN

Um stets einen Überblick über die Lebensmittelvorräte zu behalten, ist eine übersichtliche Lagerung sinnvoll. So geraten keine Produkte in Vergessenheit, und Sie können schnell sehen, was noch da ist oder was gekauft werden muss.

## Optimale Lagerung von Lebensmitteln:

### Trocken, dunkel, kühl
- Bewahren Sie Nudeln, Reis, Konserven, Kartoffeln, Zwiebeln und Knoblauch an einem trockenen, kühlen und dunklen Ort auf.
- Lagern Sie Äpfel ebenfalls an einem kühlen, dunklen Ort, getrennt von anderen Obst- und Gemüsearten. Äpfel geben im Laufe der Lagerung den reifefördernden Stoff Ethylen ab, der umliegendes Obst und Gemüse schneller reifen und verderben lässt.

### Griffbereit
- Produkte, die häufig verwendet werden, etwa Gewürze, Essig und Öl, stellen Sie am besten in verschließbaren Behältern griffbereit in die Nähe der Kochstelle.
- Legen Sie Avocados, Tomaten und Bananen bis zum Verzehr bei Zimmertemperatur in eine Schale in der Küche.

### Im Kühlschrank
- ganz oben: Käse und zubereitete Speisereste. Speisereste zuvor vollständig abkühlen lassen und in einen fest verschließbaren Behälter geben.
- in der Mitte: Milchprodukte (Joghurt, Sahne, Schmand, Quark)
- im unteren Bereich: leicht verderbliche Ware (Fisch, Fleisch, Wurst). Achten Sie darauf, dass diese Lebensmittel nicht in ihrem eigenen Saft liegen. Fisch und Fleisch am besten aus der Verpackung nehmen und mit Küchenpapier trockentupfen. Auf einen Teller legen und mit Folie abgedeckt in den Kühlschrank stellen.
- ganz unten (im Gemüsefach): Obst und Gemüse
- in der Kühlschranktür: Eier, Tomatenmark, Senf, Getränke, Konfitüren und Butter. Butter sollte in eine verschließbare Dose umgefüllt werden, da sie schnell Geruch und Geschmack von umliegenden Lebensmitteln annimmt.
- Reinigen Sie den Kühlschrank einmal im Monat mit Essigwasser, um die Verbreitung von Keimen zu vermeiden.

## Aufbewahrung von Kräutern

- **Basilikum** oder andere **Kräuterpflanzen** aus Plastiktöpfen pflanzen Sie am besten in Tontöpfe um. Kräutertöpfe immer feucht halten.
- **Petersilie, Dill** und **Schnittlauch** lassen sich prima einfrieren. Einfach die Kräuter hacken, in kleine Döschen füllen, einfrieren und nach Bedarf entnehmen.
- **Kräuterbunde** in einen Gefrierbeutel geben und fest verschlossen im Gemüsefach des Kühlschranks lagern. Oder die Kräuterstängel etwas abschneiden und in ein Wasserglas stellen.

# CONVENIENCE-PRODUKTE

Convenience-Produkte sorgen, wie der Begriff schon sagt, für Bequemlichkeit. In unserem modernen Leben ist Zeit ein wertvolles Gut, und diese Produkte vereinfachen die Zubereitung von schnellen, abwechslungsreichen Gerichten. Achten Sie aber darauf, dass Sie qualitativ hochwertige Ware ohne Geschmacksverstärker kaufen.

## Folgende Produkte können Sie guten Gewissens verwenden:

### Dosentomaten
Dosentomaten werden aus frischen, reifen Tomaten hergestellt. Das Aroma dieser Tomaten ist intensiv und häufig besser als das von frischen Tomaten aus dem Supermarkt, vor allem außerhalb der Saison.

### Hülsenfrüchte aus der Dose
Da getrocknete Kichererbsen, Bohnen und Linsen sehr lange eingeweicht und gegart werden müssen, bietet es sich an, Hülsenfrüchte aus der Dose zu verwenden. Die Dosenware ist geschmacklich einwandfrei.

### Tiefkühlprodukte
Tiefgekühltes Gemüse wie Blattspinat, Blumenkohl, grüne Bohnen, Brokkoli und Erbsen ist eine gute Alternative zu frischem Gemüse, da es direkt nach der Ernte schonend verarbeitet und schockgefroren wird und dadurch seine wertvollen Inhaltsstoffe größtenteils behält. Es ist bereits gewaschen und geputzt und lässt sich somit schnell verarbeiten.

### Teigwaren
Blätterteig und Pizzateig aus dem Supermarkt gibt es in guter Qualität zu kaufen. Da es zeitaufwendig ist, diese Produkte selbst herzustellen, bietet es sich an, auf fertige Teige zurückzugreifen.

# ORDNUNG IST DAS HALBE KOCHEN!

Ist die Küche aufgeräumt und alles steht an Ort und Stelle, macht das Kochen doppelt so viel Spaß. Wer also nur die nötigsten Küchenwerkzeuge bereitlegt, kocht schneller und effektiver.

**Diese Küchenausstattung erleichtert das schnelle Kochen:**

- 3 Töpfe (verschiedener Größe)
- 2 Pfannen (klein und groß)
- 3 Schüsseln (verschiedener Größe)
- 3 Schneidebretter (getrennt für Obst und Gemüse, Fleisch und Fisch, Zwiebel und Knoblauch)
- 2 Kochlöffel
- 1 Pfannenwender
- 3 scharfe Messer (Schälmesser, großes Kochmesser, Brotmesser)
- 1 Backpinsel
- 1 Dosenöffner
- 1 Küchenwaage
- 1 Küchenwecker
- 1 Küchenzange
- 1 Messbecher
- 1 Muskatreibe
- 1 Reibe
- 1 Nudelholz
- 1 Pfeffermühle
- 1 Schneebesen
- 1 Schöpfkelle
- 1 Sieb
- 1 Sparschäler
- 1 Stabmixer
- 1 Toaster
- 1 Wasserkocher
- 1 Zitronenpresse
- Backpapier, Alufolie, Frischhaltefolie

# WIE EIN PROFI ARBEITEN

Ein ganzes Menü in 35 Minuten – können Fernsehköche zaubern? Auf jeden Fall sieht Kochen im Fernsehen rasend schnell aus. Und im Restaurant staunt jeder, dass sogar mehrere Teller auf einmal ruck, zuck aus der Küche kommen. Wie die jeweiligen Köche das schaffen? Das ist alles eine Frage der Organisation! Beachten Sie folgende Ratschläge:

- Tiefgefrorene Produkte zuvor über Nacht im Kühlschrank auftauen lassen.
- Tisch vor dem Kochen decken, dann kommt das Essen heiß auf den Tisch.
- Das Rezept vor dem Kochen aufmerksam lesen.
- Backofen rechtzeitig vorheizen.
- Zutaten abwiegen und griffbereit stellen.
- Küchenwerkzeuge und Müllbehälter übersichtlich aufstellen.

- Kochwasser für Nudeln, Reis, Gemüse oder Brühe im Wasserkocher aufkochen und in einen heißen Topf auf der heißen Kochstelle gießen.
- Salz erst in das kochende Wasser geben, es erhöht sonst den Siedepunkt.
- Große Schneidebretter verwenden, das vereinfacht das Schneiden, und die geschnittenen Zutaten können einfach an den Rand geschoben werden.
- Mit scharfen großen Messern schneiden.
- Große Pfanne und Töpfe verwenden, denn eine größere Oberfläche ermöglicht schnelleres Braten und Kochen.
- Töpfe beim Kochen mit Deckeln abdecken, dann entweicht keine Hitze.
- Nicht zu oft in den Töpfen rühren, dadurch sinkt die Temperatur, und die Garzeit verlängert sich.

## SELBST GESÜNDER KOCHEN

Grundsätzlich gilt: Zu Hause kochen ist meist gesünder, als beim Lieferservice zu bestellen. Die bestellten Gerichte sind oft in der Mikrowelle aufgewärmte Tiefkühlware, frittiert oder in viel Öl gebraten. Zudem enthalten sie häufig Aromen, Geschmacksverstärker oder andere Zusatzstoffe. Frische, knackige Zutaten sucht man da vergebens. Wer dagegen selbst kocht, hat es in der Hand, welche Zutaten in den Topf kommen. Und hat doppelten Spaß, denn wenn das Rezept gut erklärt ist, das Kochen schnell geht und das Ergebnis stimmt, fängt Genießen schon beim Schnippeln, Rühren und Probieren an. Diese Tipps helfen dabei:

- Saisonales Obst und Gemüse kaufen.
- Bioprodukte bevorzugen – auch bei Milchprodukten, Eiern und Fleisch.
- Nicht so häufig Fleisch essen, einmal in der Woche reicht! Und es spart Geld.
- Speisen mit kalt gepressten Ölen zubereiten.
- Nudelgerichte zur Abwechslung mit Dinkel- oder Vollkornnudeln kochen.
- Bei Gerichten, die länger kochen oder im Backofen backen, die Wartezeit für einen schnellen Beilagensalat (siehe Seite 74) nutzen.
- Auf zuckerhaltige Getränke verzichten, am besten Wasser trinken. Zu asiatischen Gerichten schmecken z. B. grüner Tee, Ingwertee oder Jasmintee.

- Halten Sie die Arbeitsschritte der Rezepte ein – zum Beispiel als Erstes Nudelwasser aufsetzen oder Spinat auftauen.
- Stellen Sie benutzte Werkzeuge oder Geschirr sofort in die Spülmaschine oder in das Spülbecken, dann haben Sie mehr Platz und behalten den Überblick.
- Rühren Sie nicht zu oft in den Töpfen herum, denn dies lässt die Temperatur sinken, und die Garzeit kann sich verlängern.
- Haben Sie Mut zur Hitze! Lassen Sie die Pfanne für gebratenes Fleisch und Fisch zuerst richtig heiß werden, dann geben Sie das Öl in die Pfanne, legen das Stück Fleisch oder Fisch hinein und reduzieren erst jetzt die Temperatur.

# MITTAGSSNACKS IM BERUFSALLTAG

Ein reichhaltiges Frühstück und eine kleine Zwischenmahlzeit ca. 1½ Stunden vor dem Mittagessen versorgen den Körper kontinuierlich mit Energie und verhindern einen starken Energieabfall und Heißhunger in der Mittagszeit. Essen Sie mittags kleinere, nicht zu fetthaltige Mahlzeiten, denn diese kann der Körper schneller verarbeiten. Wer sich trotzdem müde fühlt, trinkt nach dem Mittagessen einen Kaffee oder einen schwarzen oder grünen Tee.

## Snacks für zwischendurch oder für die Mittagszeit:

**Obst**
z. B. Bananen, Äpfel, Birnen
**Rohkost**
Z. B. Möhren, Kohlrabi, Paprikaschoten, Gurke oder Staudensellerie morgens in Stifte schneiden und ins Büro mitnehmen. In Olivenöl dippen, mit Meersalz bestreuen.
**Studentenfutter**
Ist eine gesunde Alternative zu Süßigkeiten.
**Joghurt mit Müsli**
Naturjoghurt ohne Zusatzstoffe und mit normalem Fettgehalt, Früchte- oder Nussmüsli ohne Zucker
**Belegte Brötchen und Brotaufstriche**
Ziegenkäse-Panini (Rezept Seite 21), Gorgonzola-Birnen-Brötchen (Rezept Seite 20) oder Brotaufstriche (Rezepte Seite 23)

**Am Vorabend doppelte Portion kochen**
Einige Gerichte (z. B. Scharfer Glasnudelsalat mit Roastbeef von Seite 73, Maissuppe mit Gremolata von Seite 88) können Sie gleich doppelt kochen und am nächsten Tag kalt als Salat mit zur Arbeit nehmen oder dort in einer Mikrowelle erwärmen.
**Schnelle Salate**
Geröstete Kerne (Sonnenblumenkerne oder Kernemix) und Salatdressing (Vinaigrette von Seite 58) auf Vorrat mit zur Arbeit nehmen. Nun müssen Sie sich nur noch eine Salatmischung kaufen und können sich in der Mittagszeit einen schnellen, frischen Salat zaubern. Zusätzlich können Sie den Salat mit Schafskäse, Tomaten, Gurke, Paprikaschoten oder Mais aufpeppen.

# BROTZEIT & BLITZGERICHTE

# HOLZFÄLLERSANDWICH

**1.** Champignons putzen und in Scheiben schneiden. Zwiebeln abziehen und in feine Ringe schneiden. Majoran waschen, trockenschütteln und die Blättchen von den Stängeln zupfen. Schweinenackensteaks waschen und trockentupfen.

**2.** Roggenbrötchen waagerecht halbieren. Jede Brötchenhälfte mit je 1 Teelöffel Senf bestreichen.

**3.** In einer Pfanne 1 Esslöffel Öl erhitzen und die Pilze darin goldbraun braten. Mit Salz und Pfeffer würzen und herausnehmen. Erneut 1 Esslöffel Öl in der Pfanne erhitzen, die Zwiebeln darin bei mittlerer Hitze 5 Minuten braten und herausnehmen. Zwiebeln mit Pilzen und Majoran mischen.

**4.** Das restliche Öl und die Butter in der Pfanne erhitzen. Steaks rundherum mit Salz und Pfeffer würzen und in der heißen Pfanne auf jeder Seite 4 Minuten braten.

**5.** Je 1 gebratenes Steak auf eine Brötchenhälfte legen und die Pilz-Zwiebel-Mischung darauf verteilen. Mit den übrigen Brötchenhälften bedecken und sofort servieren.

Zutaten für 2 Personen

150 g weiße Champignons
2 Zwiebeln
3 Stängel Majoran
2 Schweinenackensteaks
(à 150 g)
2 frische Roggenbrötchen
4 TL grober Senf
3 EL neutrales Öl
Salz
Pfeffer, frisch gemahlen
½ EL Butter

Zubereitungszeit:
20 Minuten

**ALTERNATIVE** Statt Steaks Reste vom Sonntagsbraten verwenden. Dafür Bratenreste in Scheiben schneiden und in der übrigen Sauce erwärmen. Nach Belieben Champignons und Zwiebeln braten und mit den Bratenscheiben zwischen die Brötchenhälften legen.

# ZUCCHINIPUFFER

**1.** Den Backofen auf 100 °C (Umluft nicht empfehlenswert, Gas Stufe 1) vorheizen.

**2.** Zucchini waschen, putzen und grob raspeln. Zucchini in einer Schüssel mit Ei, Ricotta und Mehl mischen. Zucchinimasse mit Salz und Pfeffer würzen.

**3.** In einer großen, beschichteten Pfanne 2 Esslöffel Öl erhitzen. Die Zucchinimasse mit einem Esslöffel in 5 kleinen Portionen in das heiße Öl geben, leicht flach drücken und bei mittlerer Hitze auf jeder Seite 3 Minuten goldbraun braten. Die fertigen Puffer auf einen Teller geben und im heißen Backofen warm halten. Erneut 2 Esslöffel Öl in der Pfanne erhitzen und 5 weitere Zucchinipuffer braten.

Zutaten für 2 Personen

200 g Zucchini
1 Ei
100 g Ricotta (ersatzweise Magerquark)
3 EL Mehl
Salz
Pfeffer, frisch gemahlen
4 EL Olivenöl

Zubereitungszeit:
20 Minuten

**ZUSATZREZEPT** Dazu passt eine schnelle, frische Tomatensalsa: Dafür 250 Gramm Tomaten entkernen und fein würfeln. Tomaten mit 1 fein geschnittenen Schalotte, 1 Esslöffel gehackter glatter Petersilie, 1 Esslöffel Rotweinessig und 3 Esslöffel Rapsöl mischen. Mit Salz, Pfeffer und 1 Prise Zucker würzen.

# GORGONZOLA-BIRNEN-BRÖTCHEN

**1.** Chicorée putzen, den Strunk herausschneiden, Blätter vorsichtig ablösen, waschen und trockentupfen. Chicoréeblätter schräg halbieren. Birne waschen, vierteln und entkernen. Birnenviertel längs in feine Scheiben schneiden.

**2.** Zitronensaft mit Olivenöl, Salz, Pfeffer und Zucker verrühren. Chicorée und Birne mit der Zitronensauce mischen.

**3.** Walnüsse grob hacken. Weizenbrötchen waagerecht halbieren. Brötchenhälften mit Gorgonzola bestreichen.

**4.** Die unteren Brötchenhälften mit dem Chicorée-Birnen-Salat belegen und mit Walnüssen bestreuen. Die oberen Brötchenhälften darauflegen.

Zutaten für 2 Personen

1 Chicorée
1 reife Birne
1 EL Zitronensaft, frisch gepresst
2 EL Olivenöl
Salz
Pfeffer, frisch gemahlen
½ TL Zucker
2 EL Walnusskerne
4 knusprige Weizenbrötchen
100 g cremiger Gorgonzola

Zubereitungszeit:
20 Minuten

**ALTERNATIVE** **Statt des Gorgonzolas weichen Camembert oder Ziegenfrischkäse verwenden.**

**ZUSÄTZLICH** **Die Brötchen zusätzlich mit dünn geschnittenem Serranoschinken oder Bündner Fleisch belegen.**

# ZIEGENKÄSE-PANINI MIT TOMATENPESTO

**1.** Für den Tomatenpesto etwas Wasser zum Kochen bringen. Getrocknete Tomaten zugeben, 8 Minuten kochen, abgießen, mit kaltem Wasser abspülen und trockentupfen. Mandeln in einer beschichteten Pfanne ohne Fett goldbraun rösten. Parmesan reiben. Knoblauch abziehen und hacken.

**2.** Tomaten, Mandeln, Parmesan, Knoblauch, Tomatenmark und 2 Esslöffel Olivenöl in einen Blitzhacker geben und zerkleinern (alternativ mit einem Stabmixer pürieren). Restliches Olivenöl unterrühren. Den Tomatenpesto mit Pfeffer würzen.

**3.** Rucola putzen, waschen, trockenschleudern und grob schneiden. Ciabatta-Brötchen waagerecht halbieren. Brötchenhälften mit Ziegenkäse bestreichen. Die unteren Brötchenhälften mit je 2 Esslöffel Tomatenpesto bestreichen und mit Rucola belegen. Die oberen Brötchenhälften darauflegen.

Zutaten für 2 Personen

40 g getrocknete Tomaten
1 EL gehackte Mandeln
(oder Sonnenblumenkerne)
40 g Parmesan
1 kleine Knoblauchzehe
3 TL Tomatenmark
80–100 ml Olivenöl
Pfeffer, frisch gemahlen
1 Bund Rucola (40 g)
4 kleine Ciabatta-Brötchen
150 g Ziegenfrischkäse

Zubereitungszeit:
25 Minuten

**ZUSATZREZEPTE** Mit dem Tomatenpesto ein schnelles Nudelgericht zubereiten, die Doraden von Seite 179 damit füllen oder Garnelen braten und den Pesto dazu reichen.

**AUF VORRAT** Die doppelte Menge des Tomatenpestos zubereiten, in ein sauberes Glas füllen, bis zum Rand mit Olivenöl auffüllen und verschließen. So ist der Pesto im Kühlschrank mindestens 2 Wochen haltbar.

**NOCH SCHNELLER** Die Ziegenkäse-Panini mit fertigem Tomatenpesto (Glas) aus dem Supermarkt zubereiten.

# BROTAUFSTRICHE

## AVOCADOCREME Zubereitungszeit: 10 Minuten

**1 Tomate** (70 g) waschen, den Stielansatz entfernen, vierteln, entkernen und das Fruchtfleisch fein würfeln. **1 reife Avocado** (z. B. Sorte Hass) halbieren, den Stein herauslösen und das Fruchtfleisch mit einer Gabel fein zerdrücken. Avocado mit **2 EL Schmand** verrühren. Tomate untermischen. Die Creme mit **1 EL frisch gepresstem Zitronensaft, Salz** und **Pfeffer** würzen.

## SCHAFSKÄSE-PETERSILIEN-CREME Zubereitungszeit: 10 Minuten

**2 Stängel glatte Petersilie** waschen, trockenschütteln, die Blätter abzupfen und hacken. **100 g cremigen Schafskäse** mit **2–3 EL griechischem Sahnejoghurt** (10 % Fett) und **1 EL frisch gepresstem Zitronensaft** verrühren. Petersilie untermischen. Schafskäsecreme in eine Schüssel füllen, mit **2 EL Olivenöl** beträufeln und mit **½ TL Chiliflocken** bestreuen.

## BOHNEN-THYMIAN-CREME Zubereitungszeit: 20 Minuten

**1 kleine Knoblauchzehe** abziehen und hacken. **1 Dose weiße Bohnen** (250 g Abtropfgewicht) in ein Sieb geben und mit kaltem Wasser abspülen. **4 Zweige Thymian** waschen, trockenschütteln und die Blättchen von den Stängeln zupfen. **2 EL Olivenöl** in einem Topf erhitzen. Knoblauch darin 1 Minute dünsten. Bohnen und die Hälfte des Thymians zugeben und 5 Minuten mitdünsten. Bohnen in ein hohes Gefäß geben und mit einem Stabmixer pürieren. Den restlichen Thymian, **2 EL Olivenöl** und **2 EL griechischen Sahnejoghurt** (10 % Fett) untermischen. Bohnencreme mit **1–2 EL frisch gepresstem Zitronensaft, Salz** und **Pfeffer** würzen.

## PAPRIKA-TOMATEN-AUFSTRICH Zubereitungszeit: 15 Minuten

**1 kleine Zwiebel** und **1 kleine Knoblauchzehe** abziehen und sehr fein würfeln. **150 g Tomaten** waschen und den Stielansatz entfernen. **150 g rote Paprikaschote** waschen, putzen, vierteln und entkernen. Tomaten und Paprika in feine Würfel schneiden. **3 Stängel Dill** waschen, trockenschütteln, die Dillspitzen abzupfen und hacken. Zwiebel, Knoblauch, Tomaten, Paprika und Dill mit **2 EL Tomatenmark** und **1 EL Olivenöl** mischen. Paprika-Tomaten-Aufstrich mit **Salz** und **½ TL Chiliflocken** würzen.

**TIPP** **Als Alternative zum klassischen Abendbrot und als Vorspeise für Gäste. Knuspriges Fladenbrot dazu reichen. Bis auf die Avocadocreme halten die Aufstriche im Kühlschrank ca. 2 Tage.**

Die Gerichte sind im Uhrzeigersinn abgebildet.

# FORELLENBROT MIT MEERRETTICH

**1.** Dill waschen, trockenschütteln, Dillspitzen von den groben Stängeln abzupfen und grob hacken. Schmand mit Meerrettich und der Hälfte des Dills verrühren. Mit Salz, Pfeffer und Zitronensaft würzen.

**2.** Salatblätter waschen und trockentupfen. Apfel waschen, vierteln, entkernen und das Fruchtfleisch in dünne Scheiben schneiden. Das Forellenfilet grob zupfen.

**3.** Vollkornbrotscheiben dünn mit Butter bestreichen und mit Salatblättern belegen. Meerrettichschmand darauf verteilen und mit Apfelscheiben und dem grob gezupften Forellenfilet belegen. Mit dem restlichen Dill bestreuen und servieren.

Zutaten für 2 Personen

2 Stängel Dill
150 g Schmand
3 TL Tafelmeerrettich (Glas)
Salz
Pfeffer, frisch gemahlen
1–2 TL Zitronensaft, frisch gepresst
4 Blätter grüner Salat
(z. B. Kopfsalat oder heller Eichblattsalat)
1 säuerlicher Apfel
100 g geräuchertes Forellenfilet
4 Scheiben dunkles Vollkornbrot
2 TL weiche Butter

Zubereitungszeit:
15 Minuten

**ALTERNATIVE** Meerrettichschmand mit 2 Teelöffel Wildpreiselbeeren vermengen.

**ZUSATZREZEPT** Für einen schnellen Dip zu gesalzenen Crackern oder Pumpernickeltalern 70 Gramm geräuchertes, fein gezupftes Forellenfilet unter den Meerrettichschmand mengen.

# WURSTBRÖTCHEN MAL ANDERS

**1.** Den Backofen auf 210 °C (Umluft 190 °C, Gas Stufe 4) vorheizen. Ein Backblech mit Backpapier auslegen.

**2.** Blätterteigplatten nebeneinander auf eine Arbeitsfläche legen und 5 bis 7 Minuten auftauen lassen. Eigelb mit 1 Esslöffel Wasser verrühren.

**3.** Die Arbeitsfläche leicht mit Mehl bestäuben und den Blätterteig darauf so ausrollen, dass er etwas breiter wird. Die Teigplatten auf das mit Backpapier belegte Backblech legen.

**4.** Die Mitte der Teigplatten mit je 1 Teelöffel Senf bestreichen. Würste aus der Pelle lösen und auf die Teigplatten legen. Teigränder mit etwas Ei-Wasser-Mischung einpinseln. Teig über die Wurst klappen und andrücken. Wurstpäckchen so umdrehen, dass die Naht nach unten zeigt.

**5.** Den Teig mit der restlichen Ei-Wasser-Mischung einpinseln und mit Kümmel und Meersalz bestreuen. Wurstbrötchen im unteren Drittel des heißen Backofens in 20 bis 25 Minuten goldbraun backen.

Zutaten für 2 Personen

2 Platten tiefgekühlter
Blätterteig (à 60 g)
1 Eigelb
Mehl für die Arbeitsfläche
2 TL mittelscharfer Senf
2 grobe ungebrühte
Bratwürste
1 TL Kümmelsaat
½ TL grobes Meersalz

Zubereitungszeit:
15 Minuten (plus Backzeit)

**ZUSÄTZLICH** Dazu passt der Kopfsalat mit Schnittlauchdressing aus dem Rezept Fisch-Piccata (Seite 184) sehr gut. Oder der Gurken-Tomaten-Salat mit Zitronendressing aus dem Rezept Petersilienschnitzel (Seite 201).

**TIPP** Auch gut am nächsten Tag als Mittagssnack: entweder kalt essen oder kurz im Backofen bei 180 °C (Umluft 160 °C, Gas Stufe 2–3) aufwärmen.

# OFENBAGUETTE

**1.** Den Backofen auf 200 °C (Umluft 180 °C, Gas Stufe 3–4) vorheizen. Ein Backblech mit Backpapier belegen.

**2.** Basilikum waschen, trockenschütteln, die Blätter abzupfen und fein schneiden. Knoblauch abziehen, durch eine Knoblauchpresse drücken und mit Öl und Basilikum mischen.

**3.** Mozzarella abtropfen lassen und in Scheiben schneiden. Tomaten waschen, Stielansatz entfernen und das Fruchtfleisch in Scheiben schneiden.

**4.** Baguette an der Oberfläche mehrmals schräg einschneiden und auf das Backblech legen. Einschnitte mit der Hälfte des Basilikumöls beträufeln. Mozzarella- und Tomatenscheiben in die Einschnitte stecken und mit dem restlichen Öl beträufeln. Mit Salz und Pfeffer würzen.

**5.** Die gefüllten Baguettes im heißen Backofen auf der mittleren Schiene 15 Minuten überbacken.

**TIPP** Das überbackene Ofenbaguette ist auch ein super Partysnack!

**ZUSÄTZLICH** Das Baguette vor dem Backen mit einigen Scheiben dünn geschnittener Salami und grünen Oliven füllen.

Zutaten für 2 Personen

3 Stängel Basilikum
1 Knoblauchzehe
3 EL Olivenöl
1 Kugel Mozzarella (125 g)
180 g Tomaten
1 Aufbackbaguette (150 g, ersatzweise 2 Baguettebrötchen)
Salz
Pfeffer, frisch gemahlen

Zubereitungszeit:
25 Minuten

# SCHNITZEL HAWAII

**1.** Den Backofen auf 240 °C (Umluft nicht empfehlenswert, Gas Stufe 5–6) vorheizen. Ein Backblech mit Backpapier belegen.

**2.** Ananas schälen, den harten Strunk mit einem Apfelausstecher entfernen und das Fruchtfleisch in 4 Scheiben schneiden. Käse raspeln. Schnittlauch waschen, trockenschütteln und in Röllchen schneiden.

**3.** Öl mit Currypulver in einer Auflaufform verrühren. Schnitzel waschen, trockentupfen und in dem Curryöl wenden. Toastscheiben im Toaster hellbraun toasten und auf das Backblech legen.

**4.** Eine Pfanne erhitzen und die Schnitzel darin bei starker Hitze auf jeder Seite 1 Minute anbraten. Salzen und pfeffern. Toast mit Schinken, gebratenen Schnitzeln und Ananas belegen und mit Käse bestreuen. Im heißen Backofen auf der mittleren Schiene 5 bis 7 Minuten überbacken. Mit den Schnittlauchröllchen bestreuen und sofort servieren.

Zutaten für 2 Personen

1 Baby-Ananas (ersatzweise ¼ große Ananas)
50 g mittelalter Gouda
½ Bund Schnittlauch
2 EL neutrales Öl
1 TL Currypulver
4 kleine Schweineschnitzel (à 70 g)
2 Scheiben Sandwichtoast
Salz
Pfeffer, frisch gemahlen
2 Scheiben Kochschinken

Zubereitungszeit:
20 Minuten

**NOCH SCHNELLER**  Ananasringe aus der Dose (150 Gramm) und Goudascheiben verwenden.

**ALTERNATIVE**  Das Rezept kann auch mit Hähnchenbrustfilet zubereitet werden. Dafür 280 Gramm Hähnchenbrustfilet schräg in 4 Scheiben schneiden und zwischen Frischhaltefolie etwas flach klopfen.

# MAIS-FRITTERS

**1.** Eier trennen. Eiweiß mit den Quirlen eines Handrührgerätes zu Eischnee steif schlagen. Eigelb mit Mineralwasser verrühren. Mehl, Salz und Pfeffer mischen. Eimischung unter das Mehl rühren, Eischnee unterheben und alles zu einem glatten Teig verrühren.

**2.** Pfefferschote waschen und schräg in feine Scheiben schneiden. Frühlingszwiebeln waschen und putzen, das Weiße und Hellgrüne in feine Ringe schneiden. Mais in einem Sieb abgießen, abspülen und gut abtropfen lassen. Pfefferschote, Frühlingszwiebeln und Mais unter den Teig mischen.

**3.** Öl in einer beschichteten Pfanne erhitzen. Jeweils 2 Esslöffel Maisteig in die Pfanne geben, etwas flach drücken und die Taler bei mittlerer Hitze auf jeder Seite ca. 5 Minuten goldbraun braten. Auf Küchenpapier abtropfen lassen.

**4.** Limette waschen, trockentupfen und in Ecken schneiden. Mais-Fritters mit Limettenecken und Schmand servieren.

Zutaten für 2 Personen

2 Eier (Größe M)
100 ml Mineralwasser
120 g Mehl
½ TL Salz
Pfeffer, frisch gemahlen
1 rote Pfefferschote
4 Frühlingszwiebeln
1 Dose Mais (285 g Abtropfgewicht)
4 EL neutrales Öl
1 Limette
150 g Schmand

Zubereitungszeit:
15 Minuten

**TIPP** Die Mais-Fritters zum Aperitif reichen. Einfach im Backofen bei 100 °C (Umluft nicht empfehlenswert, Gas Stufe 1) warm halten, und, wenn die Gäste kommen, zu einem kalten Glas Sekt servieren.

## TOMATEN-GURKEN-SALSA

Dazu passt eine frische Tomaten-Gurken-Salsa. Dafür 150 Gramm Tomaten waschen, entkernen und fein würfeln. 150 Gramm Salatgurke waschen, schälen, längs halbieren, entkernen und fein würfeln. Tomaten und Gurke mit 1 Esslöffel Limettensaft, Salz, getrockneten Chiliflocken, 1 Prise Zucker und 1 bis 2 Esslöffel Olivenöl mischen. 4 Stängel Koriandergrün waschen, trockenschütteln und die Blätter mit den zarten Stielen abzupfen und hacken. Koriander unter die Salsa mischen.

# CURRYWURST

**1.** Zwiebel abziehen und fein würfeln. 1 Esslöffel Öl in einem Topf erhitzen und die Zwiebel darin bei mittlerer Hitze 2 Minuten dünsten. 1 Teelöffel Currypulver und Cayennepfeffer einrühren. Tomatenmark dazugeben und kurz mitdünsten.

**2.** Ketchup, Apfelsaft und Essig unterrühren, aufkochen und 2 Minuten kochen. Sauce mit einem Stabmixer fein pürieren. Mit Salz, Pfeffer und Zucker würzen und warm halten.

**3.** In einer Pfanne 1½ Esslöffel Öl erhitzen und die Bratwürste darin rundherum ca. 10 Minuten braten. Würste in Scheiben schneiden, mit der Sauce beträufeln und mit dem restlichen Currypulver bestreuen. Mit Brötchen servieren.

Zutaten für 2 Personen

1 kleine Zwiebel
2½ EL neutrales Öl
2 TL Currypulver
1 Messerspitze Cayennepfeffer
2 EL Tomatenmark
100 g Ketchup
50 ml Apfelsaft
1 TL Weißweinessig
Salz
Pfeffer, frisch gemahlen
1 Prise Zucker
2 feine, gebrühte Bratwürste
2 frische Brötchen

Zubereitungszeit:
20 Minuten

**TIPP** Die Sauce ist der Renner auf jeder Grillparty! Das Rezept lässt sich ohne Probleme verdoppeln oder vervierfachen. Im Kühlschrank hält sich die Sauce mindestens 3 Tage und kann je nach Bedarf entnommen und erwärmt werden. Auch ein schönes Mitbringsel!

**ALTERNATIVE** Der Currysauce sind keine Grenzen gesetzt ... experimentieren erwünscht! Statt des Apfelsaftes kann auch Ananassaft oder Kirschsaft verwendet werden. Im Sommer können sogar ein paar Himbeeren oder Erdbeeren mitpüriert werden. Für Extraschärfe und feinen Geschmack 20 Gramm geschälten und gewürfelten Ingwer mitdünsten.

# OMELETTE MIT KÄSE

1. Schnittlauch waschen, trockenschütteln und in Röllchen schneiden. Käse raspeln.

2. Für das Grundrezept Eier mit Sahne verquirlen. Mit Salz, Pfeffer und Muskat würzen.

3. Für dieses Omelette den Schnittlauch unterrühren.

4. Öl und Butter in einer beschichteten Pfanne erhitzen. Die Eimischung in die heiße Pfanne gießen und bei mittlerer Hitze 2 Minuten stocken lassen. Den Käse als Füllung darübergeben.

5. Das Omelette mit einem Holzspatel zusammenklappen und zugedeckt 3 bis 5 Minuten garen, bis das Ei gestockt ist.

Grundrezept
Zutaten für 2 Personen

½ Bund Schnittlauch
50 g Bergkäse
5 Eier
4 EL Schlagsahne
Salz
Pfeffer, frisch gemahlen
Muskatnuss, frisch gerieben
1 EL neutrales Öl
½ EL Butter

Zubereitungszeit:
15 Minuten

## PAPRIKA-ROSMARIN-OMELETTE Zubereitungszeit: 20 Minuten

Die Ei-Sahne-Mischung nach dem Grundrezept auf der linken Seite (Step 2) vorbereiten. Zusätzlich **1 rote Paprikaschote** waschen, vierteln, entkernen und das Fruchtfleisch in Streifen schneiden. **1 Zwiebel** und **1 Knoblauchzehe** abziehen und fein würfeln. **1 Zweig Rosmarin** waschen, die Nadeln abzupfen und hacken. **1 EL Olivenöl** in einer Pfanne erhitzen und Paprika, Zwiebel, Knoblauch und Rosmarin darin bei mittlerer Hitze 5 Minuten braten. Mit **Salz** und **Pfeffer** würzen und herausnehmen. Das Omelette (siehe Grundrezept Step 4) zubereiten und statt mit Käse mit der Paprikamischung füllen.

## SPECK-PILZ-OMELETTE Zubereitungszeit: 20 Minuten

Die Ei-Sahne-Mischung nach dem Grundrezept auf der linken Seite (Step 2) vorbereiten. Zusätzlich **80 g durchwachsenen Speck** würfeln. **1 Zwiebel** abziehen, halbieren und in Streifen schneiden. **150 g Champignons** putzen und in Scheiben schneiden. Den Speck in einer heißen Pfanne 5 Minuten knusprig braten. Zwiebel zugeben und 3 Minuten mitbraten. Speck und Zwiebel aus der Pfanne nehmen. **1 EL neutrales Öl** in der Pfanne erhitzen und die Pilze darin 5 Minuten braten. Mit **Salz, Pfeffer** und **1 TL getrocknetem Majoran** würzen und herausnehmen. Das Omelette (siehe Grundrezept Step 4) zubereiten und statt mit Käse mit der Speck-Pilz-Mischung füllen.

## TOMATEN-FLUSSKREBS-OMELETTE Zubereitungszeit: 20 Minuten

Die Ei-Sahne-Mischung nach dem Grundrezept auf der linken Seite (Step 2) vorbereiten. Zusätzlich **150 g Kirschtomaten** waschen und halbieren. **1 Knoblauchzehe** abziehen und in feine Scheiben schneiden. **2 Stängel Basilikum** waschen, trockenschütteln, die Blätter von den Stängeln streifen und grob zupfen. **1 EL Olivenöl** in einer Pfanne erhitzen. Tomaten und Knoblauch darin 2 Minuten braten. Mit **Salz, Pfeffer** und **1 Prise Zucker** würzen. **100 g gekochte Flusskrebsschwänze** und Basilikum untermischen und alles aus der Pfanne nehmen. Das Omelette (siehe Grundrezept Step 4) zubereiten und statt mit Käse mit der Tomaten-Flusskrebs-Mischung füllen.

## ZUSÄTZLICH Zu allen Omelettes passt frischer Blattsalat.

# FRENCH TOAST

**1.** Brotscheiben mit einem Brotmesser waagerecht halbieren, dabei aber nur so tief einschneiden, dass die Scheiben noch zusammenhalten. Einschnitte mit je 1 Esslöffel Ajvar einstreichen und jeweils eine Scheibe Schinken und Käse dazwischen legen.

**2.** Die Eier mit der Milch verquirlen, salzen und pfeffern. Brotscheiben gut andrücken und von beiden Seiten in die Eiermilch eintauchen.

**3.** Butter in einer beschichteten Pfanne erhitzen und die gefüllten Brote darin bei mittlerer Hitze auf jeder Seite ca. 3 Minuten goldbraun braten. Aus der Pfanne nehmen und sofort servieren.

Zutaten für 2 Personen

2 Scheiben Kastenweißbrot (4 cm dick)
2 EL mildes Ajvar (Paprikapaste, Glas)
2 dünne Scheiben Kochschinken
2 Scheiben Bergkäse (z. B. Appenzeller)
2 Eier (Größe M)
100 ml Milch
Salz
Pfeffer, frisch gemahlen
2 EL Butter

Zubereitungszeit:
20 Minuten

## SALAT MIT SENF-VINAIGRETTE

**Dazu passt ein knackiger Salat mit Senf-Vinaigrette. Dafür 1 kleinen Bataviasalat putzen, waschen und etwas trockenschleudern. 2 Möhren waschen, schälen und in dünne Scheiben schneiden. 2 Esslöffel Rotweinessig mit 1 Teelöffel grobem Senf, 2 Esslöffel Wasser, Salz, Pfeffer und 1 Teelöffel Zucker verrühren. 4 Esslöffel Rapsöl nach und nach unterrühren. Salatblätter grob zupfen. Salat und Möhren mit der Senf-Vinaigrette mischen.**

# KARTOFFELN MIT PAPRIKA-SCHMAND-DIP

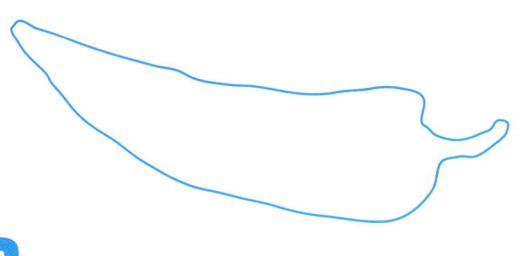

1. Kartoffeln waschen und ungeschält mit Salz in einen Topf geben. Mit warmem Wasser bedecken, aufkochen und zugedeckt bei mittlerer Hitze 20 Minuten kochen.

2. Für den Dip die Spitzpaprika waschen, längs halbieren, entkernen und in kleine Würfel schneiden. Schalotte abziehen und fein würfeln. Petersilie waschen, trockenschütteln, Blätter abzupfen und hacken.

3. Schmand und saure Sahne in einer Schüssel glatt rühren. Mit Salz, Pfeffer, Zucker und Zitronensaft würzen. Paprika, Schalotte und Petersilie unterrühren.

4. Kartoffeln abgießen, kurz ausdämpfen lassen und pellen. Kartoffeln mit dem Paprika-Schmand-Dip servieren.

Zutaten für 2 Personen

600 g festkochende Kartoffeln
Salz
1 rote Spitzpaprika (150 g)
1 kleine Schalotte
3 Stängel glatte Petersilie
150 g Schmand
150 g saure Sahne
Pfeffer, frisch gemahlen
1 Prise Zucker
1–2 TL Zitronensaft, frisch gepresst

Zubereitungszeit:
25 Minuten

## OFENKARTOFFEL

**Wer mehr Zeit hat, serviert den Dip zu einer klassischen Ofenkartoffel. Dafür den Backofen auf 180 °C (Umluft nicht zu empfehlen, Gas Stufe 2–3) vorheizen. 2 große mehligkochende Kartoffeln (à 300 Gramm) waschen und trockentupfen. Kartoffeln mit jeweils 1 Esslöffel Olivenöl und Salz einreiben und auf ein Backblech legen. Im heißen Backofen im unteren Drittel 1½ Stunden backen. Kartoffeln aus dem Backofen nehmen, längs einschneiden und etwas auseinanderdrücken. Den Dip darauf geben und servieren.**

# ASIA-NUDEL-PFANNE

**1.** Zuckerschoten waschen und schräg halbieren. Shiitakes putzen, die Stiele abschneiden und die Pilze je nach Größe halbieren. Ingwer schälen und fein würfeln. Knoblauch abziehen und hacken. Frühlingszwiebeln waschen, putzen und das Weiße und Hellgrüne in feine Ringe schneiden.

**2.** Öl in einer großen Pfanne oder einem Wok erhitzen und die Zuckerschoten und Pilze darin bei starker bis mittlerer Hitze 4 Minuten braten. Ingwer, Knoblauch und das Weiße der Frühlingszwiebeln dazugeben und bei mittlerer Hitze 3 Minuten mitbraten.

**3.** Nudeln, 4 Esslöffel Sojasauce und 250 bis 300 Milliliter Wasser dazugeben. Ca. 5 Minuten unter Rühren kochen, bis die Nudeln die Flüssigkeit aufgenommen haben.

**4.** Nudelpfanne nach Bedarf mit weiterer Sojasauce und Limettensaft würzen. Mit Frühlingszwiebelgrün bestreuen und servieren.

**ALTERNATIVE** **Statt der Zuckerschoten Zucchini-, Möhren- oder Paprikastreifen mitbraten.**

Zutaten für 2 Personen

150 g Zuckerschoten
150 g Shiitakes (Speisepilze)
25 g frischer Ingwer
1 Knoblauchzehe
4 Frühlingszwiebeln
2 EL neutrales Öl
150 g dünne Wok-Nudeln (Instant)
4–5 EL Sojasauce
2–3 TL Limettensaft, frisch gepresst

Zubereitungszeit:
20 Minuten

# QUESADILLAS

**1.** Frühlingszwiebeln waschen, putzen und das Weiße und Hellgrüne schräg in feine Ringe schneiden. Käse raspeln. Saure Sahne in einer Schüssel glatt rühren. Mit Salz und Chiliflocken würzen.

**2.** 2 Tortillas auf eine Arbeitsfläche legen. Mit der sauren Sahne bestreichen und mit Frühlingszwiebeln und Käse bestreuen. Mit den beiden anderen Tortillas bedecken.

**3.** Eine Pfanne erhitzen. Tortillas nacheinander bei mittlerer Hitze auf jeder Seite ca. 3 Minuten rösten. In Stücke schneiden und sofort servieren.

Zutaten für 2 Personen

4 Frühlingszwiebeln
40 g Cheddar (ersatzweise Gouda)
70 g saure Sahne
Salz
½ TL getrocknete Chiliflocken
4 Weizentortillas

Zubereitungszeit:
15 Minuten

## GUACAMOLE

**Die Quesadillas schmecken besonders gut mit einer frischen Guacamole. Dafür ½ rote Chilischote, ½ abgezogene Zwiebel, 1 gewaschene, entkernte Tomate und 1 kleine, abgezogene Knoblauchzehe fein würfeln. 4 Stängel Koriandergrün waschen, trockenschütteln, die Blättchen abzupfen und hacken. 1 reife Avocado halbieren und entkernen. Das Fruchtfleisch mit einer Gabel zerdrücken. Mit 2 Esslöffel Limettensaft, Chili, Zwiebel, Tomate, Knoblauch und Koriander mischen. Guacamole mit Salz und Pfeffer würzen und sofort servieren. Dies ist auch ein leckerer Dip für Nacho-Chips.**

# FRISCHE TOMATENSUPPE

**1.** Zwiebel und Knoblauch abziehen und in grobe Würfel schneiden. Chilischote grob hacken. Tomaten waschen, die Stielansätze entfernen und das Fruchtfleisch in grobe Stücke schneiden.

**2.** In einem großen Topf 2 Esslöffel Öl erhitzen und Zwiebel, Knoblauch und Chili darin glasig dünsten. Mit Zucker bestreuen und kurz karamellisieren. Mit Wermut ablöschen und fast vollständig einkochen. Tomaten und 1 Prise Salz zugeben, aufkochen und zugedeckt 15 Minuten kochen.

**3.** In der Zwischenzeit den Mozzarella in kleine Würfel schneiden. Basilikum waschen, trockenschütteln, die Blätter von den Stängeln streifen und grob zupfen. Die Suppe durch ein feines Sieb oder eine Passiermühle streichen, sodass nur die Tomatenkerne und -häute im Sieb bleiben.

**4.** Die passierte Tomatensuppe aufkochen und mit Salz würzen. Suppe anrichten, mit 1 Esslöffel Öl beträufeln, mit Basilikum und Mozzarella bestreuen und servieren.

Zutaten für 2 Personen

1 Zwiebel
1 Knoblauchzehe
½ rote Chilischote
1 ½ kg reife Tomaten
3 EL Olivenöl
1 TL Zucker
50 ml Wermut (z. B. Noilly Prat) oder Weißwein
Salz
1 Kugel Büffelmozzarella (125 g)
4 Stängel Basilikum

Zubereitungszeit:
30 Minuten

**TIPP** Damit die Suppe einen intensiven, schön fruchtigen Geschmack bekommt, sind richtig reife (am besten sonnengereifte) Tomaten das Wichtigste. Sie dürfen ruhig schon ein bisschen weich sein.

**ZUSÄTZLICH** Zur Suppe knuspriges Knoblauchbrot reichen. Dazu einige Scheiben Weißbrot in einem Toaster rösten und diese mit den Schnittflächen einer halbierten Knoblauchzehe einreiben.

# GARNELENPFANNE

**1.** Knoblauch abziehen und in feine Scheiben schneiden. Frühlingszwiebeln waschen, putzen und das Weiße und Hellgrüne in 1 Zentimeter lange Stücke schneiden. Chilischote längs einritzen. Tomaten waschen, den Stielansatz entfernen und das Fruchtfleisch würfeln. Petersilie waschen, trockenschütteln, Blätter abzupfen und hacken. Garnelen waschen und trockentupfen.

**2.** In einer Pfanne 2 Esslöffel Öl erhitzen und die Garnelen darin bei starker Hitze rundherum 2 Minuten braten. Salzen und herausnehmen.

**3.** Erneut 2 Esslöffel Öl in der Pfanne erhitzen und Knoblauch, Frühlingszwiebeln und Chili darin bei mittlerer Hitze 2 Minuten braten. Tomaten, 2 Esslöffel Wasser und Petersilie dazugeben, aufkochen und salzen. Garnelen und 1 Esslöffel Öl untermischen und kurz erhitzen. Mit Zitronensaft abschmecken. Chilischote entfernen. Garnelenpfanne sofort servieren und die Garnelen vor dem Verzehr schälen.

Zutaten für 2 Personen

1 Knoblauchzehe
3 Frühlingszwiebeln
1 rote Chilischote
100 g Tomaten
4 Stängel glatte Petersilie
10 ungeschälte Garnelen
(à 25 g, entdarmt)
5 EL Olivenöl
grobes Meersalz
1–2 EL Zitronensaft,
frisch gepresst

Zubereitungszeit:
20 Minuten

**TIPPS** Als Beilage passen ein frisches Baguette und ein gut gekühlter Rosé-Wein dazu.
Im gut sortierten Supermarkt gibt es mittlerweile tiefgekühlte Garnelen aus Bioaquakulturen. Diese werden unter natürlichen und nachhaltigen Bedingungen gezüchtet. Tiefgekühlte Garnelen aus der Verpackung nehmen, in ein Sieb geben und über eine Schüssel stellen. Im Kühlschrank über Nacht auftauen lassen.

**ALTERNATIVE** Die Garnelenpfanne lässt sich schnell zu einem Pastagericht abwandeln. Gleichzeitig 200 Gramm Spaghettini kochen, dabei 100 Milliliter Nudelwasser abschöpfen. Nudeln abgießen und mit dem Nudelwasser zu den Garnelen geben. Alles einmal aufkochen und servieren.

# PILZ-GNOCCHI

**1.** Reichlich Wasser für die Gnocchi aufkochen und salzen. Champignons putzen und je nach Größe halbieren oder vierteln. Zwiebel abziehen, halbieren und in feine Streifen schneiden. Zitrone waschen, trockentupfen und 1 Teelöffel Schale fein abreiben.

**2.** Gnocchi in das kochende Salzwasser geben und nach Packungsanweisung garen. Abgießen und gut abtropfen lassen.

**3.** Öl in einer beschichteten Pfanne erhitzen und die Pilze darin bei starker Hitze 3 Minuten braten. Zwiebel und Salbei dazugeben und bei mittlerer Hitze 3 Minuten mitbraten. Pilzmischung salzen und pfeffern und aus der Pfanne nehmen.

**4.** Butter in der Pfanne schmelzen und die Gnocchi darin rundherum ca. 5 Minuten goldbraun braten. Pilzmischung untermischen und mit Salz und Pfeffer würzen. Ricotta mit Zitronenschale verrühren und auf den Pilz-Gnocchi verteilen.

Zutaten für 2 Personen

Salz
200 g braune Champignons
1 Zwiebel
1 Biozitrone
400 g Gnocchi (Kühlregal)
6 Salbeiblätter
1 EL Olivenöl
Pfeffer, frisch gemahlen
1 EL Butter
80 g Ricotta

Zubereitungszeit:
20 Minuten

**ALTERNATIVE** Wer kein Salbei mag, nimmt die abgezupften Blättchen von 4 Stängeln Thymian oder Majoran. Statt mit Zitronen-Ricotta kann das Gericht mit geriebenem Parmesan serviert werden.

**TIPP** Für schnelle überbackene Pilz-Gnocchi einfach alles in eine gut gefettete Auflaufform geben, mit 50 Gramm geriebenem Bergkäse bestreuen und im heißen Backofen bei 220 °C (Umluft nicht empfehlenswert, Gas Stufe 4–5) im oberen Backofendrittel goldbraun überbacken.

# EIER MIT KERBELSAUCE

**1.** Für die Eier Wasser in einem Topf zum Kochen bringen.

**2.** Für die Sauce den Kerbel waschen, trockenschütteln, die Blättchen von den Stängeln zupfen und grob hacken. Kerbel mit Schmand und Milch in ein hohes Gefäß geben und mit einem Stabmixer fein pürieren. Sauce mit Salz, Pfeffer, Zucker und Zitronensaft würzen.

**3.** Eier an der runden Seite anpicken und im kochenden Wasser 6 bis 7 Minuten wachsweich kochen. Eier abgießen, mit kaltem Wasser abschrecken und vorsichtig pellen.

**4.** Eier mit der Kerbelsauce servieren.

Zutaten für 2 Personen

2 Bund Kerbel
200 g Schmand
4 EL Milch
Salz
Pfeffer, frisch gemahlen
1 Prise Zucker
2–3 TL Zitronensaft,
frisch gepresst
4 Eier

Zubereitungszeit:
20 Minuten

**ZUSÄTZLICH** Dazu passen am besten Salzkartoffeln.

**TIPP** Für eine pikante Note die Kerbelsauce mit 1 Teelöffel Tafelmeerrettich oder 1 Teelöffel grobem Senf verfeinern.

**ALTERNATIVE** Statt nur Kerbel eine Kräutermischung aus 1 Bund Kerbel, 1 Bund glatter Petersilie und ½ Bund Schnittlauch verwenden. Dafür Kerbel und Petersilie von den Stängeln zupfen und mitpürieren. Schnittlauch in feine Röllchen schneiden und unterrühren.

# KOKOSGARNELEN

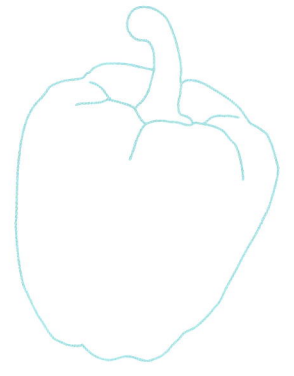

**1.** Ingwer schälen und fein hacken. Knoblauch abziehen und ebenfalls fein hacken. Paprikaschoten waschen, putzen, vierteln, entkernen und das Fruchtfleisch in 1 Zentimeter große Stücke schneiden.

**2.** In einer Pfanne 2 Esslöffel Öl erhitzen und die Garnelen darin bei starker Hitze rundherum 2 bis 3 Minuten anbraten. Garnelen salzen und herausnehmen. 1 Esslöffel Öl in die Pfanne geben und Ingwer, Knoblauch und Paprika darin bei mittlerer Hitze 5 Minuten braten.

**3.** Basilikum waschen, trockenschütteln, die Blätter von den Stängeln streifen und grob zupfen.

**4.** Kokosmilch und Brühe zum Gemüse gießen und aufkochen. Garnelen zugeben und kurz in der Sauce erwärmen. Mit Salz, Sambal oelek und Limettensaft abschmecken.

**5.** Kokosgarnelen mit Basilikum bestreuen und servieren.

Zutaten für 2 Personen

20 g frischer Ingwer
1 Knoblauchzehe
2 gelbe oder rote
Paprikaschoten
3 EL neutrales Öl
10 Garnelen (à 25 g,
geschält, küchenfertig)
Salz
2 Stängel Basilikum
200 ml ungesüßte
Kokosmilch
150 ml Gemüsebrühe
½ TL Sambal oelek
1–2 EL Limettensaft,
frisch gepresst

Zubereitungszeit:
20 Minuten

**ZUSATZREZEPT** Dazu passt Basmatireis mit gerösteten Cashewkernen: 120 Gramm Basmatireis nach Packungsanweisung garen und abtropfen lassen. In der Zwischenzeit 1 fein gewürfelte Zwiebel in 1 Esslöffel Butter glasig dünsten. 2 Esslöffel gesalzene, geröstete Cashewkerne grob hacken und kurz mitdünsten. Zwiebel-Cashew-Mischung unter den abgetropften Reis mischen.

# SPECK-KAPERN-PASTA

**1.** Reichlich Wasser für die Nudeln aufkochen und salzen. Den Speck in kleine Würfel schneiden. Knoblauch abziehen und fein hacken. Rosmarin waschen, trockenschütteln, die Nadeln von dem Zweig streifen und hacken. Kapern abtropfen lassen.

**2.** Öl in einer tiefen Pfanne erhitzen und den Speck darin bei mittlerer bis starker Hitze 5 Minuten braten. Knoblauch und Rosmarin dazugeben und bei mittlerer Hitze 2 Minuten mitbraten. Tomatenmark und Zucker einrühren und kurz mitrösten. Tomaten zufügen und aufkochen. Sauce 7 Minuten einkochen.

**3.** In der Zwischenzeit die Nudeln in das kochende Salzwasser geben und nach Packungsanweisung garen.

**4.** Kapern in die Tomaten-Speck-Sauce geben und 3 Minuten mitkochen. Sauce mit Salz und Pfeffer würzen. Nudeln abgießen und tropfnass in der Pfanne mit der Speck-Kapern-Sauce mischen.

Zutaten für 2 Personen

Salz
80 g durchwachsener Speck
1 Knoblauchzehe
1 Zweig Rosmarin
35 g Kapern
1 EL Olivenöl
2 TL Tomatenmark
½ TL Zucker
1 Dose stückige Tomaten
(400 g Füllmenge)
200 g Linguine
Pfeffer, frisch gemahlen

Zubereitungszeit:
20 Minuten

**NOCH SCHNELLER** 2 ganze, abgezogene Knoblauchzehen und 2 Zweige Rosmarin mitgaren und vor dem Servieren entfernen.

**TIPP** Schmeckt lecker mit geraspeltem Pecorino, Manchego oder Parmesan. Für mehr Schärfe eine kleine rote Chilischote mitgaren.

# BAVETTE MIT RAUKEPESTO

**1.** Reichlich Wasser für die Nudeln aufkochen und salzen. Pinienkerne in einer Pfanne ohne Fett hellbraun rösten, herausnehmen und grob hacken. Knoblauch abziehen und fein hacken. Rauke verlesen, waschen, trockenschleudern und fein schneiden. Parmesan fein reiben.

**2.** Nudeln in das kochende Salzwasser geben und nach Packungsanweisung garen.

**3.** In der Zwischenzeit Pinienkerne, Knoblauch, Rauke, die Hälfte des Parmesans und Öl in einer Schüssel mischen. Mit Zitronensaft, Salz und Pfeffer würzen.

**4.** Nudeln abgießen und tropfnass mit dem Pesto mischen. Mit dem restlichen Parmesan bestreuen und servieren.

Zutaten für 2 Personen

Salz
20 g Pinienkerne
1 Knoblauchzehe
1 Bund Rauke (Rucola, ca. 40 g)
40 g Parmesan
200 g Bavette
4–5 EL Olivenöl
1–2 TL Zitronensaft, frisch gepresst
Pfeffer, frisch gemahlen

Zubereitungszeit:
20 Minuten

**TIPP** Der Pesto kann auch klassisch mit Basilikum oder von März bis Mai mit frischem Bärlauch zubereitet werden. Schmeckt sehr gut mit Vollkorn- oder Dinkelnudeln.

**ZUSÄTZLICH** 150 Gramm gegrillte, abgetropfte Paprika aus dem Glas in Streifen schneiden und untermischen. Schmeckt auch gut als kalter Nudelsalat.

**PREISWERTER** Statt der Pinienkerne gehackte Mandeln verwenden.

# CHICKENWINGS

**1.** Den Backofen auf 220 °C (Umluft nicht empfehlenswert, Gas Stufe 4–5) vorheizen. Ein Backblech mit Alufolie auslegen.

**2.** Ingwer schälen. Knoblauch abziehen. Chilischote putzen. Ingwer, Knoblauch und Chilischote fein hacken. Mit Ketchup, Honig, Sojasauce, Limettensaft und Öl verrühren.

**3.** Hähnchenflügel mit einem großen Messer im Gelenk halbieren, waschen und trockentupfen. In einer Schüssel mit der Marinade mischen.

**4.** Marinierte Flügelteile auf dem Backblech verteilen. Im heißen Backofen auf der mittleren Schiene ca. 20 Minuten dunkelbraun braten und sofort servieren.

Zutaten für 2 Personen

15 g frischer Ingwer
1 kleine Knoblauchzehe
½ rote Chilischote
6 EL Tomatenketchup
½ EL flüssiger Honig
3 EL Sojasauce
1 EL Limettensaft, frisch gepresst
1 EL Öl
10 Hähnchenflügel

Zubereitungszeit:
30 Minuten

## ALTERNATIVE

Statt der Hähnchenflügel können auch 6 Hähnchenunterkeulen (Drumsticks à ca. 120 Gramm) verwendet werden. Dann die Temperatur auf 200 °C reduzieren und die Keulen 40 Minuten braten.

## KRAUTSALAT

Zu den Chickenwings passt Cole Slaw (Krautsalat). Dafür 300 Gramm Spitzkohl oder Weißkohl putzen, waschen, in feine Streifen schneiden und mit den Händen etwas durchkneten. 150 Gramm Möhren waschen, schälen und raspeln. 3 Esslöffel Salatmayonnaise mit 3 Esslöffel Joghurt, 4 Esslöffel Milch und 1 bis 2 Esslöffel Weißweinessig verrühren. Mit Salz, Pfeffer und Zucker würzen. Kohl, Möhren, 30 Gramm Rosinen oder getrocknete Cranberrys mit der Sauce mischen und 15 Minuten ziehen lassen.

# REISPAPIERRÖLLCHEN

**1.** Römersalat putzen, waschen, trockentupfen und die Salatblätter in feine Streifen schneiden. Frühlingszwiebeln waschen, putzen und das Weiße und Hellgrüne schräg in feine Ringe schneiden. Minze und Basilikum waschen, trockenschütteln und die Blätter von den Stängeln zupfen. Erdnüsse grob hacken.

**2.** Reispapierblätter nach Packungsanweisung quellen lassen und auf einem feuchten Küchentuch ausbreiten. Jedes Blatt in der Mitte des unteren Drittels mit Salat, Frühlingszwiebeln, Minze, Basilikum und je 1 Scheibe Roastbeef belegen. Mit Erdnüssen bestreuen und mit je ½ Esslöffel süßer Chilisauce und einigen Spritzern Limettensaft beträufeln. Die Seiten über die Füllung klappen und die Reispapierblätter von unten her stramm aufrollen.

**3.** Reispapierröllchen sofort servieren.

Zutaten für 2 Personen

1 Römersalatherz
2 Frühlingszwiebeln
2 Stängel Minze
2 Stängel Basilikum
2 EL gesalzene, geröstete Erdnüsse
6 Blätter Reispapier (ø 22 cm)
6 Scheiben Roastbeef-Aufschnitt
3 EL süße Chilisauce
1 Limette

Zubereitungszeit:
20 Minuten

**ALTERNATIVE** Reispapierröllchen können je nach Wunsch gefüllt werden. Zum Beispiel auch mit Rotkohl, Paprikaschote, Mango, Gurke, Avocado, blanchierten Sprossen, gebratenem Entenfleisch, Garnelen oder Hähnchen.

## ASIA-DIP

Reispapierröllchen mit einem scharfen Asia-Dip servieren. Dafür 3 Esslöffel Sojasauce mit 1 Esslöffel Wasser und 1 Esslöffel frisch gepresstem Limettensaft verrühren. ½ fein gehackte, rote Chilischote, 20 Gramm gewürfelten, frischen Ingwer und ½ gehackte Knoblauchzehe untermischen.

# HAMBURGER GANZ KLASSISCH

**1.** Rinderhack mit Salz und Pfeffer würzen. Mit feuchten Händen zu zwei 1 Zentimeter dicken Fleischtalern formen. Auf Backpapier legen und 10 Minuten einfrieren.

**2.** Tomate waschen, Stielansatz entfernen und das Fruchtfleisch in Scheiben schneiden. Gurke waschen und in Scheiben schneiden. Zwiebel abziehen und in feine Scheiben schneiden. Salat waschen und trockenschleudern.

**3.** Fleischtaler aus dem Gefrierfach nehmen. Rundherum mit jeweils 1 Esslöffel Öl einreiben. Eine beschichtete Pfanne erhitzen und die Fleischtaler darin auf jeder Seite 3 Minuten braten.

**4.** Burgerbrötchen nach Packungsangabe erwärmen. Käse auf die Fleischtaler legen, die Pfanne von der Kochstelle ziehen und den Käse leicht schmelzen lassen.

**5.** Brötchenhälften mit Ketchup und Senf einstreichen. Auf die unteren Hälften Salat und Fleischtaler legen. Darauf Tomaten-, Gurken- und Zwiebelscheiben schichten. Die Brötchendeckel auflegen und die Burger etwas zusammendrücken. Sofort servieren.

Zutaten für 2 Personen

250 g Rinderhack
Salz
Pfeffer, frisch gemahlen
1 Tomate
½ Salatgurke
1 rote Zwiebel
2 Blätter Kopfsalat
2 EL Olivenöl
2 Hamburgerbrötchen
2 Scheiben Cheddar
2 EL Tomatenketchup
1 EL mittelscharfer Senf

Zubereitungszeit:
20 Minuten

**ZUSÄTZLICH** 4 Scheiben Frühstücksspeck (Bacon) in einer Pfanne bei mittlerer bis starker Hitze knusprig braten und die Burger damit belegen.

**TIPP** Eine größere Menge Fleischtaler formen, portionsweise in Gefrierbeutel geben, diese fest verschließen und einfrieren. So können Fleischtaler für ein spontanes Burgeressen entnommen und sofort gebraten werden.

**ALTERNATIVE** Für Fischburger statt der Fleischtaler 4 Fischstäbchen braten und die Burger wie beschrieben belegen, dabei allerdings den Käse weglassen.

# SALATE, SUPPEN & EINTÖPFE

# ROTE-BETE-APFEL-SALAT MIT ZIEGENKÄSE

**1.** Den Backofen auf 220 °C (Umluft nicht empfehlenswert, Gas Stufe 4–5) vorheizen. Brotscheiben auf ein Backblech legen und mit 2 Esslöffel Öl beträufeln.

**2.** Ziegenkäse in 12 Scheiben schneiden. Rosmarin waschen, trockenschütteln, die Nadeln von den Zweigen streifen und hacken. Brotscheiben mit je 2 Scheiben Ziegenkäse belegen und mit Rosmarin bestreuen. Jeweils ½ Teelöffel Honig über den Käse träufeln.

**3.** Für das Dressing Essig mit 1 Esslöffel Wasser, Senf, 1 bis 2 Teelöffel Honig, Salz und Pfeffer verrühren. 5 Esslöffel Öl nach und nach unterrühren.

**4.** Rote Bete halbieren und in Scheiben schneiden. Apfel waschen, vierteln und entkernen. Apfelviertel quer in Scheiben schneiden. Rucola putzen, waschen und trockenschleudern.

**5.** Ziegenkäsebrote im heißen Backofen auf der mittleren Schiene 7 bis 10 Minuten backen. Rote Bete, Apfel und Rucola mit dem Honig-Senf-Dressing mischen. Den Salat mit den gratinierten Ziegenkäsebroten servieren.

Zutaten für 2 Personen

6 Scheiben Baguette
7 EL Olivenöl
120 g Ziegenkäserolle
1 Zweig Rosmarin
5 TL flüssiger Honig
2 EL Weißweinessig
1 TL grober Senf
Salz
Pfeffer, frisch gemahlen
300 g gekochte Rote Bete
(vakuumverpackt, aus dem Kühlregal)
1 säuerlicher Apfel
1 Bund Rucola (40 g)

Zubereitungszeit:
30 Minuten

**TIPP** Wer Zeit hat, sollte die Rote Bete selbst kochen, denn dann schmeckt sie besonders süßlich und intensiv. Dazu die gewaschenen Knollen ohne das Grün in einen Topf geben und mit kaltem Wasser bedecken. Wasser aufkochen und die Rote Bete zugedeckt bei mittlerer Hitze je nach Größe 35 bis 50 Minuten kochen. Nach dem Kochen abschrecken und pellen (dabei am besten Einweghandschuhe benutzen). Ungeschält sind die gekochten Knollen im Kühlschrank 3 bis 4 Tage haltbar.

# SPARGEL-BROT-SALAT

**1.** Den Backofen auf 220 °C (Umluft 200 °C, Gas Stufe 4–5) vorheizen. Reichlich Salzwasser für den Spargel aufsetzen.

**2.** Brot in sehr dünne Scheiben schneiden, auf einen Rost legen und im heißen Backofen auf der mittleren Schiene 3 bis 4 Minuten hellbraun rösten. Knoblauch halbieren und die Brotscheiben mit den Schnittflächen des Knoblauchs einreiben.

**3.** Spargel waschen, im unteren Drittel schälen und die Enden abschneiden. Spargelstangen schräg in 2 Zentimeter lange Stücke schneiden. Spargel im vorbereiteten kochenden Salzwasser 3 bis 5 Minuten leicht bissfest garen, abgießen und mit kaltem Wasser abschrecken. Tomaten waschen und halbieren.

**4.** Für die Vinaigrette Essig mit 2 Esslöffel Wasser, Salz, Pfeffer und Zucker verrühren. Öl nach und nach unterrühren. Basilikum waschen, trockenschütteln, die Blätter von den Stängeln streifen und grob zupfen.

**5.** Spargel und Tomaten mit der Vinaigrette mischen und kurz ziehen lassen. Brot und Basilikum untermischen und mindestens 7 Minuten ziehen lassen. Parmesan mit einem Sparschälmesser in Späne schneiden. Spargel-Brot-Salat mit Parmesan bestreuen und servieren.

Zutaten für 2 Personen

Salz
100 g Ciabatta
1 Knoblauchzehe
300 g grüner Spargel
300 g Kirschtomaten
2–3 EL Rotweinessig
Pfeffer, frisch gemahlen
½ TL Zucker
5–6 EL Olivenöl
3 Stängel Basilikum
40 g Parmesan

Zubereitungszeit:
30 Minuten

**TIPP** Brotsalat lässt sich prima mit altbackenen Brotresten (zum Beispiel Ciabatta, Baguette, Weißbrot oder Bauernbrot) zubereiten und wird besonders lecker, wenn er noch etwas länger durchzieht.

**ALTERNATIVE** Wer keinen Spargel zur Hand hat, verdoppelt die Tomatenmenge.

# CAESARSALAT MIT HÄHNCHENBRUST

**1.** Den Backofen auf 180 °C (Umluft nicht empfehlenswert, Gas Stufe 2–3) vorheizen.

**2.** Hähnchenbrustfilets waschen, trockentupfen und mit Salz, Pfeffer und ½ Teelöffel Paprikapulver würzen. 2 Esslöffel Öl in einer Pfanne erhitzen und das Fleisch darin bei mittlerer bis starker Hitze rundherum 5 Minuten hellbraun anbraten. Hähnchenbrustfilets auf einen ofenfesten Teller legen und im heißen Backofen auf der mittleren Schiene 15 Minuten garen.

**3.** In der Zwischenzeit für das Dressing die Mayonnaise mit Joghurt, Milch und Parmesan verrühren. Dressing mit Salz, Pfeffer, Zucker und Zitronensaft würzen.

**4.** Toastscheiben grob würfeln. Knoblauchzehen abziehen und andrücken. 2 Esslöffel Öl in einer Pfanne erhitzen und die Brotwürfel darin mit Knoblauch 5 Minuten goldbraun rösten. Croûtons mit Salz und ½ Teelöffel Paprikapulver würzen.

**5.** Römersalat putzen, die Blätter waschen, trockenschleudern und in 2 Zentimeter breite Streifen schneiden.

**6.** Salat mit dem Dressing mischen. Hähnchenbrust aus dem Backofen nehmen und in Scheiben schneiden. Fleisch mit dem Salat anrichten und mit den Croûtons bestreuen.

Zutaten für 2 Personen

2 Hähnchenbrustfilets (à 150 g)
Salz
Pfeffer, frisch gemahlen
1 TL rosenscharfes Paprikapulver
4 EL Olivenöl
4 EL Mayonnaise
150 g Vollmilchjoghurt
7 EL Milch
2 EL frisch geriebener Parmesan
1 Prise Zucker
2–3 EL Zitronensaft, frisch gepresst
4 Toastbrotscheiben
2 Knoblauchzehen
1 Römersalat (200 g)

Zubereitungszeit:
30 Minuten

**NOCH SCHNELLER** Wenn es etwas schneller gehen soll, den Salat einfach statt mit gebratener Hähnchenbrust mit dünn geschnittenem Geflügelaufschnitt servieren.

# COUSCOUSSALAT MIT WASSERMELONE

**1.** 150 Milliliter Salzwasser aufkochen. Couscous einrühren und zugedeckt 10 Minuten quellen lassen. Couscous in eine große Schüssel geben und mit einer Gabel auflockern. Die Schüssel in ein kaltes Wasserbad stellen, damit der Couscous schnell abkühlt.

**2.** In der Zwischenzeit die Wassermelone waschen und schälen. Das Fruchtfleisch in 2 Zentimeter große Stücke schneiden und dabei die Kerne entfernen. Minze waschen, trockenschütteln, die Blätter von den Stängeln streifen und grob schneiden. Schafskäse grob zerbröseln. Zitrone halbieren und den Saft auspressen.

**3.** Den abgekühlten Couscous mit Zitronensaft, Öl, Melone, Minze und Schafskäse mischen. Mit Salz, Pfeffer und einigen Spritzern Tabasco würzen.

Zutaten für 2 Personen

Salz
100 g Instant-Couscous
400 g Wassermelone
4 Stängel Minze
80 g Schafskäse
1 Zitrone
4 EL Olivenöl
Pfeffer, frisch gemahlen
Tabasco (scharfe Chilisauce)

Zubereitungszeit:
30 Minuten

**TIPP** Frühaufsteher garen den Couscous am besten morgens noch vor der Arbeit. Dann ist der Salat nach Feierabend blitzschnell fertig. Reste vom Couscoussalat sind ein leckerer Mittagssnack am nächsten Tag.

# ZUCKERSCHOTEN-MANGO-SALAT MIT INGWERLACHS

**1.** Salzwasser zum Blanchieren der Zuckerschoten aufsetzen.

**2.** Ingwer schälen und fein würfeln. Lachsfilet waschen, trockentupfen und in 3 Zentimeter große Stücke schneiden. Lachs mit Ingwer und Öl mischen. 10 Minuten marinieren.

**3.** Zuckerschoten waschen und putzen. Im kochenden Salzwasser 2 Minuten kochen, abgießen und mit kaltem Wasser abschrecken. Zuckerschoten schräg halbieren.

**4.** Mango schälen und das Fruchtfleisch vom Stein schneiden. Fruchtfleisch in 1 Zentimeter große Würfel schneiden. Radicchio putzen, den Strunk herausschneiden, Blätter waschen, trockenschleudern und in 1 Zentimeter breite Streifen schneiden. Für das Dressing Joghurt mit Milch und Limettensaft verrühren. Mit Salz, Pfeffer und Honig würzen.

**5.** Eine beschichtete Pfanne erhitzen und die Lachsstücke darin bei mittlerer bis starker Hitze rundherum 4 Minuten braten. Mit Salz und Pfeffer würzen.

**6.** Zuckerschoten, Mango und Radicchio mit dem Joghurtdressing mischen und mit dem Ingwerlachs servieren.

Zutaten für 2 Personen

Salz
20 g frischer Ingwer
300 g Lachsfilet
(küchenfertig, ohne Haut)
2 EL neutrales Öl
120 g Zuckerschoten
1 reife Mango
1 kleiner Radicchio
150 g Naturjoghurt
3–5 EL Milch
3 EL Limettensaft,
frisch gepresst
Pfeffer, frisch gemahlen
1 TL flüssiger Honig

Zubereitungszeit:
30 Minuten

**ALTERNATIVE** Wer den bitteren Geschmack von Radicchio nicht mag, nimmt am besten die mildere Sorte Trevisano. Statt Lachs können auch Garnelen zum Salat gebraten werden.

Salate, Suppen & Eintöpfe   63

# GARNELEN-AVOCADO-SALAT

**1.** Garnelen waschen und trockentupfen. Ingwer schälen und fein würfeln. Ingwer, Currypulver und 2 Esslöffel Öl in einer Schüssel verrühren. Garnelen mit dem Ingwer-Curry-Öl vermischen und 10 Minuten marinieren.

**2.** In der Zwischenzeit Radicchio putzen, den Strunk herausschneiden, Blätter waschen, trockenschleudern und in 2 Zentimeter breite Streifen schneiden. Mango waschen, schälen und das Fruchtfleisch erst vom Stein und dann in 1 Zentimeter große Würfel schneiden. Avocado halbieren, den Stein herauslösen und das Fruchtfleisch quer in Scheiben schneiden. Avocado mit ½ Esslöffel Zitronensaft mischen.

**3.** Für das Dressing 2½ Esslöffel Zitronensaft mit 1 Esslöffel Wasser, Salz, Pfeffer und Zucker verrühren. 4 Esslöffel Öl nach und nach unterrühren. Radicchio, Mango und Avocado mit dem Zitronendressing mischen.

**4.** Eine beschichtete Pfanne erhitzen und die Garnelen darin bei mittlerer bis starker Hitze rundherum 3 Minuten braten. Mit Salz würzen. Die Garnelen sofort mit dem Salat servieren.

Zutaten für 2 Personen

8 Garnelen (à 25 g, geschält, küchenfertig)
20 g frischer Ingwer
1 TL mildes Currypulver
6 EL Olivenöl
1 kleiner Radicchio
1 kleine reife Mango
1 reife Avocado
3 EL Zitronensaft, frisch gepresst
Salz
Pfeffer, frisch gemahlen
1 TL Zucker

Zubereitungszeit:
30 Minuten

**TIPP** Beim Kauf der Avocado darauf achten, dass diese wirklich reif ist. Ist sie steinhart, Finger weg! Meistens ist die Sorte Hass eine gute Wahl. Außerdem gibt es mittlerweile Avocados, die mit dem Aufkleber »ready to eat« gekennzeichnet sind.

# BULGURSALAT MIT SPECKDATTELN

**1.** In einem Topf 375 Milliliter Wasser aufkochen und salzen. Bulgur einrühren und zugedeckt nach Packungsanweisung quellen lassen.

**2.** Zwiebel abziehen, halbieren und in Streifen schneiden. 1 Esslöffel Öl in einer Pfanne erhitzen und die Zwiebel darin bei mittlerer Hitze 3 Minuten dünsten. Herausnehmen und unter den Bulgur mischen. Die Mischung etwas abkühlen lassen.

**3.** Minze und Petersilie waschen, trockenschütteln, Blätter abzupfen und hacken. Sellerie waschen, putzen, entfädeln und schräg in feine Scheiben schneiden. Bulgur mit Zitronensaft und 3 Esslöffel Öl mischen. Mit Salz, Pfeffer und Zucker würzen. Minze, Petersilie und Sellerie untermischen.

**4.** Für die Speckdatteln die Speckscheiben quer halbieren. Jeweils eine Dattel stramm mit ½ Speckscheibe umwickeln. In einer Pfanne ½ Esslöffel Öl erhitzen und die Speckdatteln darin rundherum bei mittlerer bis starker Hitze 5 Minuten braten. Auf Küchenpapier abtropfen lassen.

**5.** Bulgursalat mit Speckdatteln und Joghurt servieren.

Zutaten für 2 Personen

Salz
150 g Bulgur (Instant)
1 Zwiebel
4½ EL Olivenöl
3 Stängel Minze
3 Stängel glatte Petersilie
200 g Staudensellerie
3 EL Zitronensaft, frisch gepresst
Pfeffer, frisch gemahlen
1 Prise Zucker
4 Scheiben Frühstücksspeck (Bacon)
8 getrocknete, entkernte Datteln
150 g Naturjoghurt

Zubereitungszeit:
35 Minuten

**ALTERNATIVE** Statt der Datteln getrocknete Pflaumen verwenden. Für Vegetarier die Datteln mit je ½ Esslöffel glatt gerührtem Ziegenfrischkäse füllen und mit einem Walnusskern verschließen.

**ZUSÄTZLICH** Den Bulgursalat mit 40 Gramm grob gehackten, gesalzenen Pistazien bestreuen.

**TIPP** Der Salat passt zu jedem Picknick oder Grillfest. Schmeckt auch noch gut, wenn er etwas länger durchgezogen ist. Zusätzlich können fein geschnittene Paprika- und Möhrenstreifen untergemischt werden.

# MEDITERRANER BAUERNSALAT

**1.** Schalotte abziehen und in feine Ringe schneiden. Schalotten-
ringe mit 1 Esslöffel Zitronensaft und 1 Prise Salz mischen
und 10 Minuten ziehen lassen.

**2.** In der Zwischenzeit die Gurke waschen, schälen, längs hal-
bieren und mithilfe eines Teelöffels die Kerne herauslösen.
Paprikaschoten waschen, putzen, vierteln und entkernen.
Gurke und Paprika in 1 Zentimeter große Stücke schneiden.
Petersilie waschen, trockenschütteln und die Blättchen von
den Stängeln zupfen. Oliven entkernen und halbieren.

**3.** Marinierte Schalotte, Gurke, Paprika, Petersilie und Oliven
in einer großen Schüssel mit 2 Esslöffeln Zitronensaft und
Öl mischen. Mit Salz, Pfeffer, Zucker und Sumach würzen.
Schafskäse würfeln und untermischen.

Zutaten für 2 Personen

1 Schalotte
3 EL Zitronensaft, frisch
gepresst
Salz
1 Salatgurke
2 rote Spitzpaprikaschoten
½ Bund glatte Petersilie
100 g schwarze Kalamata-
Oliven
5 EL Olivenöl
Pfeffer, frisch gemahlen
1 Prise Zucker
1 TL Sumach (herb-säuer-
liches Gewürz, gibt es in tür-
kischen Lebensmittelläden)
100 g cremiger Schafskäse

Zubereitungszeit:
25 Minuten

**ZUSATZREZEPT** Zu dem Salat passt frisches Fladenbrot. Oder man macht knusprige
Fladenbrotchips. Dafür ½ Fladenbrot (vom Vortag) in 1 Zentimeter
dicke Scheiben schneiden und auf ein Backblech legen. 2 abgezogene Knoblauchzehen fein hacken und mit 6 Esslöffeln Olivenöl
mischen. Brotscheiben auf beiden Seiten mit dem Öl einstreichen.
Im heißen Backofen bei 200 °C (Umluft 180 °C, Gas Stufe 3–4) auf
der mittleren Schiene 8 bis 10 Minuten backen. In einer gut verschlossenen Blechdose können die Chips 1 bis 2 Wochen gelagert
und grob zerkleinert auch als Suppeneinlage verwendet werden.

# HIRTENSALAT MIT GEBRATENEM ZIEGENKÄSE

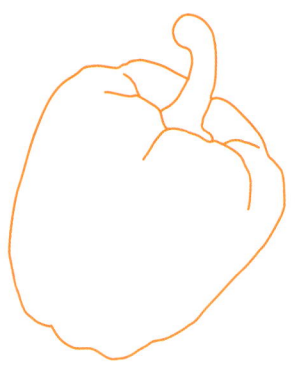

**1.** Paprikaschote waschen, putzen, halbieren und entkernen. Gurke waschen, schälen und längs vierteln. Tomaten waschen und den Stielansatz entfernen. Paprika, Gurke und Tomaten in 1 Zentimeter große Stücke schneiden. Zwiebel abziehen und in feine Ringe schneiden. Dill und Minze waschen, trockenschütteln, Blätter abzupfen und hacken.

**2.** Paprika, Gurke, Tomaten und Zwiebel in einer Schüssel mit Essig, 2 Esslöffel Wasser, Salz, Pfeffer, Zucker und 4 Esslöffel Öl mischen. Dill und Minze untermischen.

**3.** Ziegenkäse in 6 gleichmäßig dicke Scheiben schneiden. Jeweils eine Schnittfläche dünn mit Honig einstreichen. 1 Esslöffel Öl in einer beschichteten Pfanne erhitzen und darin die Käsescheiben auf der Honigseite bei mittlerer bis starker Hitze goldbraun anbraten.

**4.** Den heißen Ziegenkäse sofort mit dem Salat servieren.

Zutaten für 2 Personen

180 g rote Paprikaschote
1 Salatgurke
250 g Tomaten
1 kleine rote Zwiebel
2 Stängel Dill
2 Stängel Minze
2 EL Rotweinessig
Salz
Pfeffer, frisch gemahlen
1 Prise Zucker
5 EL Olivenöl
1 Rolle Ziegenkäse (120 g)
2 TL flüssiger Honig

Zubereitungszeit:
25 Minuten

**TIPPS** Als Beilage passen Fladenbrot oder Baguette dazu.

Falls der Salat für ein Picknick oder als Beilage zum Grillen ist, die Gurke vorher mithilfe eines Teelöffels entkernen – dann verwässert sie nicht den Salat.

**ALTERNATIVE** Der Salat kann auch klassisch mit 100 Gramm gewürfeltem Schafskäse und einigen gemischten Oliven zubereitet werden.

# FENCHEL-NEKTARINEN-SALAT

**1.** Römersalat putzen, die Blätter waschen, trockenschleudern und in 2 Zentimeter breite Streifen schneiden. Fenchel putzen, waschen und das zarte Grün beiseitelegen. Fenchel längs halbieren, den Strunk keilförmig herausschneiden und die Knollen in feine Scheiben schneiden oder hobeln. Nektarinen waschen, halbieren, entsteinen und das Fruchtfleisch in grobe Stücke schneiden.

**2.** Für das Dressing Zitronensaft mit 1 Esslöffel Wasser, Salz, Pfeffer und Zucker verrühren. Das Rapsöl nach und nach unterrühren.

**3.** Tofu in 2 Zentimeter große Stücke schneiden. Öl in einer beschichteten Pfanne erhitzen und den Tofu darin bei starker Hitze rundherum 5 bis 7 Minuten goldbraun braten.

**4.** Römersalat mit Fenchel, Nektarinen und Zitronendressing mischen. Fenchel-Nektarinen-Salat mit dem gebratenen Tofu anrichten und mit Fenchelgrün bestreuen.

Zutaten für 2 Personen

1 Römersalat
300 g Fenchelknolle
mit Grün
200 g reife Nektarinen
3 EL Zitronensaft,
frisch gepresst
Salz
Pfeffer, frisch gemahlen
1 TL Zucker
5 EL Rapsöl
200 g Tofu (z. B. Mandel-
Nuss-Tofu)
2 EL neutrales Öl

Zubereitungszeit:
30 Minuten

**ZUSÄTZLICH** Dazu passt Baguette.

**ALTERNATIVE** Je nach Geschmack und Saison können andere Obstarten wie Aprikosen, Melonen oder Himbeeren die Nektarinen ersetzen. Wer es besonders frisch mag, mischt einige Blätter Zitronenmelisse unter den Salat. 2 Esslöffel geröstete Sonnenblumenkerne, die vor dem Servieren über den Salat gestreut werden, sorgen für zusätzlichen Biss.

# AVOCADO-MÖHREN-SALAT

**1.** Buchweizen in einer Pfanne ohne Fett kurz rösten und abkühlen lassen. Möhren waschen und schälen. Apfel waschen, vierteln und entkernen. Möhren und Apfel raspeln und mit 1 Esslöffel Zitronensaft mischen. Avocado waschen, halbieren, den Stein herauslösen und das Fruchtfleisch in 1 Zentimeter große Stücke schneiden. Avocado unter die Möhren-Apfel-Mischung heben.

**2.** Für das Dressing 3 Esslöffel Zitronensaft mit 1 Esslöffel Wasser, Salz, Pfeffer und Honig verrühren. Öl nach und nach unterrühren. Avocado-Möhren-Mischung vorsichtig mit dem Zitronendressing vermengen.

**3.** Den Avocado-Möhren-Salat mit dem gerösteten Buchweizen bestreuen und servieren.

Zutaten für 2 Personen

2 EL Buchweizen
300 g Möhren
1 Apfel
4 EL Zitronensaft,
frisch gepresst
1 reife Avocado
(z. B. Sorte Hass)
Salz
Pfeffer, frisch gemahlen
2 TL flüssiger Honig
6 EL Rapsöl

Zubereitungszeit:
25 Minuten

**ZUSÄTZLICH** Zu dem Salat mit gesalzener Butter bestrichenes Vollkornbrot reichen.

**ALTERNATIVE** Statt Buchweizen Sonnenblumenkerne, Kürbiskerne, gehackte Mandeln oder Haselnüsse verwenden.

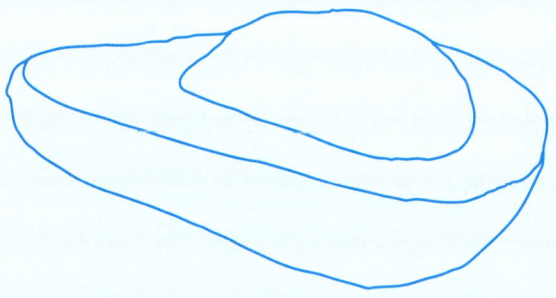

# SCHARFER GLASNUDELSALAT MIT ROASTBEEF

**1.** Glasnudeln nach Packungsanweisung quellen lassen. Ingwer schälen und mit der Chilischote fein hacken. Zwiebel abziehen, halbieren und in feine Streifen schneiden. Sojasauce mit Zucker, 2 Esslöffel Wasser, Limettensaft und Sesamöl verrühren. Nudeln, Ingwer, Chili und Zwiebel mit der Sauce mischen und 5 Minuten ziehen lassen.

**2.** In der Zwischenzeit Roastbeef in 2 Zentimeter breite Streifen schneiden. Ananas schälen, den Strunk herausschneiden und in 1 Zentimeter breite Scheiben schneiden. Koriander waschen, trockenschütteln und mit den feinen Stängeln grob hacken.

**3.** Roastbeef und Koriander unter den Glasnudelsalat mischen. Eine Grillpfanne erhitzen. Ananasscheiben mit neutralem Öl mischen und in der Pfanne auf jeder Seite 2 Minuten grillen. Glasnudelsalat mit der gegrillten Ananas servieren.

Zutaten für 2 Personen

120 g Glasnudeln
20 g frischer Ingwer
1 rote Chilischote
1 rote Zwiebel
4 EL Sojasauce
1 TL Zucker
2–3 EL Limettensaft, frisch gepresst
2 EL geröstetes Sesamöl
8 Scheiben Roastbeef-Aufschnitt
¼ reife Ananas
(oder 1 Baby-Ananas)
1 Bund Koriandergrün
1 EL neutrales Öl

Zubereitungszeit:
30 Minuten

**TIPP** Der Salat schmeckt auch am nächsten Tag köstlich, wenn er gut durchgezogen ist.

**ZUSÄTZLICH** Für den knusprigen Biss den Salat mit 2 Esslöffel gerösteten, gesalzenen Erdnüssen oder dänischen Röstzwiebeln bestreuen.

# SALATE IM BAUKASTENSYSTEM

**1.** Blattsalat putzen, waschen und leicht trockenschleudern. Salatblätter grob zupfen.

**2.** Je nach Geschmack weitere Zutaten zum Blattsalat dazugeben (siehe Varianten auf der rechten Seite).

**3.** Je nach Geschmack ein Dressing dazu wählen und zubereiten (siehe unten). Salat mit dem Dressing anrichten.

**TIPP** **Für eine herbe Note 50 Gramm des Blattsalates durch Radicchio, Chicorée oder Rauke (Rucola) ersetzen.**

Grundrezept
Zutaten für 2 Personen

200 g Blattsalat
(z. B. Endivien-, Batavia-, Eichenlaub-, Feld-, Kopf- oder Römersalat)

Zubereitungszeit:
je nach Salatvariation und Dressing 20 bis 30 Minuten

## BALSAMICO-DRESSING
2 EL Aceto balsamico mit 2 EL Wasser, 1 TL grobem Senf, ½ durchgepressten Knoblauchzehe, Salz, Pfeffer, 1 TL getrocknetem Oregano und 1 TL flüssigem Honig verrühren. 5 EL Olivenöl nach und nach unterrühren.

## BUTTERMILCH-DRESSING
150 ml Buttermilch mit 150 g Naturjoghurt, 2 EL frisch gepresstem Zitronensaft verrühren. Mit Salz, Pfeffer und Zucker würzen. 1 EL Schnittlauchröllchen oder 1 EL gehackten Dill untermischen.

## THOUSAND-ISLAND-DRESSING
100 ml Milch mit 100 g Naturjoghurt, 3 EL Mayonnaise, 3 EL frisch gepresstem Orangensaft und 2 EL Tomatenketchup verrühren. 1 fein gewürfelte rote Pfefferschote, ½ EL Schnittlauchröllchen und ½ EL gehackte Petersilie untermischen. Mit Salz und Pfeffer würzen.

## ZITRONEN-KRÄUTER-DRESSING
2 EL frisch gepressten Zitronensaft mit 2 EL Wasser, Salz, Pfeffer und Zucker verrühren. 5 EL Rapsöl nach und nach unterrühren. 2 EL gehackte, gemischte Kräuter (z. B. Petersilie, Estragon, Zitronenmelisse, Minze und Kerbel) untermischen.

# SALAT MIT ÄPFELN UND MÖHREN

**150 g Apfel** waschen, vierteln, entkernen und in dünne Scheiben schneiden. **150 g Möhren** waschen, schälen und in dünne Scheiben schneiden. **2 EL Sonnenblumenkerne** in einer Pfanne ohne Fett rösten. Alle Zutaten mit Blattsalat (siehe Grundrezept links) mischen.
**Dressing:** Dazu passt Zitronen-Kräuter-Dressing.

# SALAT MIT BIRNEN UND KÄSE

**1 reife Birne** waschen, vierteln und in Spalten schneiden. **80 g Blauschimmelkäse** in grobe Stücke brechen. **2 EL Walnusskerne** grob hacken und in einer Pfanne ohne Fett rösten. Alle Zutaten mit Blattsalat (siehe Grundrezept links) mischen.
**Dressing:** Dazu passt **Balsamico-Dressing.**

# SALAT MIT NEKTARINEN, MOZZARELLA UND SCHINKEN

**125 g Mozzarella** in grobe Stücke schneiden. **1 reife Nektarine oder Pfirsich** waschen, halbieren, entkernen und in dünne Spalten schneiden. **80 g rohen Schinken** grob zerzupfen. Alle Zutaten mit Blattsalat (siehe Grundrezept links) mischen.
**Tipp:** Statt der Nektarinen **100 g frische Himbeeren** nehmen.
**Dressing:** Dazu passen Zitronen-Kräuter-Dressing oder Buttermilch-Dressing.

# SALAT MIT PILZEN UND SPECK

**1 rote Zwiebel** abziehen, halbieren und in Streifen schneiden. **150 g Champignons** putzen und je nach Größe halbieren oder vierteln. **60 g durchwachsenen Speck** würfeln. Speck in einer Pfanne knusprig braten und herausnehmen. Pilze und Zwiebel im Speckfett bei mittlerer bis starker Hitze 5 Minuten braten, salzen und pfeffern. Alle Zutaten mit Blattsalat (siehe Grundrezept links) mischen.
**Dressing:** Dazu passen Zitronen-Kräuter-Dressing oder Balsamico-Dressing.

# CHEFSALAT

**2 Eier** in kochendem Wasser 8 bis 10 Minuten hart kochen, abschrecken, pellen und achteln. 2 Tomaten waschen, putzen und in grobe Stücke schneiden. **½ Salatgurke** waschen, schälen und in grobe Stücke schneiden. **100 g Mais (Dose)** abspülen. **1 rote Spitzpaprika** waschen, entkernen und in Streifen schneiden. **50 g gekochten Schinken** und **50 g Gouda** in Streifen schneiden. Alle Zutaten mit Blattsalat (siehe Grundrezept links) mischen.
**Dressing:** Dazu passt Thousand-Island-Dressing oder Buttermilch-Dressing.

# INDISCHE CURRYSUPPE

**1.** Frühlingszwiebeln waschen, putzen, das Weiße fein würfeln und das Hellgrüne schräg in feine Ringe schneiden. Knoblauch abziehen und hacken. Ingwer schälen und fein würfeln. Sellerie waschen und putzen. Möhren und Kartoffeln waschen, putzen und schälen. Paprikaschote waschen und entkernen. Sellerie, Möhren, Kartoffeln und Paprika in 1 Zentimeter große Würfel schneiden.

**2.** Butter in einem großen Topf schmelzen und das Weiße der Frühlingszwiebeln, Knoblauch und Ingwer darin bei mittlerer Hitze 2 Minuten dünsten. Sellerie, Möhren und Paprika dazugeben und 5 Minuten mitdünsten. Mit Salz würzen. 4 Esslöffel Gemüse für die Suppeneinlage herausnehmen und beiseite stellen.

**3.** Kartoffelwürfel in den Topf geben, mit Currypulver bestäuben und unter Rühren kurz dünsten. Brühe und Sahne zugießen, aufkochen und zugedeckt 10 Minuten kochen.

**4.** Suppe mit einem Stabmixer pürieren. Mit Salz, Zucker, Chiliflocken und einigen Spritzern Zitronensaft würzen. Restliches Gemüse in die Suppe geben. Frühlingszwiebelringe aufstreuen. Mit Joghurt servieren.

Zutaten für 2 Personen

4 Frühlingszwiebeln
1 Knoblauchzehe
30 g frischer Ingwer
150 g Staudensellerie
200 g Möhren
100 g Kartoffeln
200 g rote Paprikaschote
1 EL Butter
Salz
2–3 TL mildes Currypulver
700 ml Geflügelbrühe
(ersatzweise Gemüsebrühe)
100 g Schlagsahne
1 Prise Zucker
getrocknete Chiliflocken
frisch gepresster Zitronensaft
150 g Naturjoghurt

Zubereitungszeit:
30 Minuten

**TIPP** In gut sortierten Supermärkten gibt es indisches Naan-Brot. Dieses nach Packungsanweisung aufbacken und zu der Currysuppe servieren.

## CURRY-HÄHNCHEN-SPIESSE

Für Curry-Hähnchen-Spieße als Beilage 250 Gramm Hähnchenbrustfilet in 3 Zentimeter große Stücke schneiden und mit Salz, 1 Teelöffel Currypulver und 2 Esslöffel Öl mischen. Fleischstücke auf 4 Holzspieße stecken. In einer Pfanne bei mittlerer bis starker Hitze ca. 7 Minuten braten. Nach Belieben die Spieße in 2 Esslöffel gerösteter Sesamsaat wälzen.

# ROTE-BETE-SUPPE MIT SESAMGARNELEN

1. Zwiebel abziehen, Ingwer schälen und beides fein würfeln. Rote Bete in grobe Stücke schneiden. 2 Esslöffel Öl in einem Topf erhitzen und Zwiebel und Ingwer darin 2 Minuten dünsten. Rote Bete zugeben und kurz mitdünsten. Brühe und Apfelsaft zugießen und aufkochen. Die Suppe zugedeckt bei mittlerer Hitze 12 Minuten kochen.

2. Rote-Bete-Suppe mit einem Stabmixer fein pürieren. Mit Salz, Pfeffer und Limettensaft würzen.

3. Basilikum waschen, trockenschütteln, die Blätter von den Stängeln zupfen und fein schneiden.

4. Sesam auf einen Teller geben und die Garnelen darin wenden. 1 Esslöffel Öl in einer Pfanne erhitzen und die Garnelen darin bei mittlerer bis starker Hitze rundherum 3 bis 4 Minuten braten. Garnelen salzen.

5. Rote-Bete-Suppe mit Basilikum bestreuen und mit den Sesamgarnelen servieren.

Zutaten für 2 Personen

1 Zwiebel
25 g frischer Ingwer
400 g gekochte Rote Bete
(vakuumverpackt, aus
dem Kühlregal)
3 EL neutrales Öl
600 ml Gemüsebrühe
200 ml naturtrüber Apfelsaft
Salz
Pfeffer, frisch gemahlen
1–2 EL Limettensaft, frisch
gepresst
3 Stängel Basilikum
2 EL ungeschälte Sesamsaat
8 Garnelen (à 20 g, geschält,
küchenfertig)

Zubereitungszeit:
30 Minuten

**ZUSATZREZEPT** **Die Suppe kann auch ohne Ingwer zubereitet und mit einem Meerrettichschmand und geräuchertem Forellenfilet serviert werden. Dafür 2 Esslöffel Schmand mit 2 Teelöffel Tafelmeerrettich verrühren und mit Salz und Pfeffer würzen. 100 Gramm geräuchertes Forellenfilet in Stücke schneiden.**

# MINESTRONE

**1.** Speck in ½ Zentimeter große Würfel schneiden. Zwiebel und Knoblauch abziehen und fein würfeln. Sellerie waschen, putzen, entfädeln und in ½ Zentimeter breite Stücke schneiden. Tomaten waschen, die Stielansätze entfernen und das Fruchtfleisch in grobe Stücke schneiden. Bohnen in ein Sieb geben und mit kaltem Wasser abspülen.

**2.** Öl in einem Topf erhitzen und den Speck darin 4 Minuten knusprig braten. Zwiebel und Knoblauch zugeben und 2 Minuten mitbraten. Tomatenmark einrühren, kurz mitbraten.

**3.** Brühe zugießen und aufkochen. Sellerie und Tomaten zugeben und zugedeckt bei mittlerer Hitze 12 Minuten garen. Bohnen untermischen und 5 Minuten mitgaren. Minestrone mit Salz, Pfeffer, Zucker und Oregano würzen.

**4.** Inzwischen den Parmesan fein reiben. Die Minestrone mit dem Käse bestreuen und servieren.

Zutaten für 2 Personen

100 g durchwachsener Speck
1 Zwiebel
1 Knoblauchzehe
150 g Staudensellerie
300 g Tomaten
1 Dose kleine weiße Bohnen
(250 g Abtropfgewicht)
2 EL Olivenöl
1 EL Tomatenmark
500–600 ml Geflügelbrühe
Salz
Pfeffer, frisch gemahlen
½ TL Zucker
1–2 TL getrockneter
Oregano
40 g Parmesan

Zubereitungszeit:
30 Minuten

**ZUSÄTZLICH** Für eine zusätzliche sättigende Einlage von Anfang an 50 Gramm Reis oder 80 Gramm kleine Suppennudeln mitkochen.

**ALTERNATIVE** Anstelle des Parmesans die Suppe mit zerbröseltem Schafskäse oder Ricotta servieren.

# ZUCCHINISUPPE MIT THYMIANCROÛTONS

**1.** Zwiebel und Knoblauch abziehen und in feine Würfel schneiden. Zucchini waschen, putzen und grob würfeln. Thymian waschen, trockenschütteln und die Blättchen von den Zweigen streifen.

**2.** In einem Topf ½ Esslöffel Butter zerlassen und Zwiebel und Knoblauch darin glasig dünsten. Zucchini und die Hälfte des Thymians zugeben und 2 Minuten mitdünsten. Brühe zugießen und aufkochen. Zugedeckt bei schwacher Hitze 15 Minuten kochen.

**3.** In der Zwischenzeit die Toastscheiben würfeln. 1½ Esslöffel Butter in einer weiten Pfanne zerlassen und die Toastwürfel und den restlichen Thymian darin 5 Minuten rösten. Diese Thymiancroûtons mit der Zitronenschale mischen. Mit Chiliflocken und Salz würzen.

**4.** Crème fraîche unter die Suppe rühren. Die Suppe mit einem Stabmixer fein pürieren. Mit Salz, Pfeffer und Zitronensaft würzen. Mit den Thymiancroûtons bestreuen und servieren.

Zutaten für 2 Personen

1 Zwiebel
1 Knoblauchzehe
500 g Zucchini
4 Zweige Thymian
2 EL Butter
500 ml Biogemüsebrühe
4 Toastbrotscheiben
½ TL abgeriebene Bio-zitronenschale
getrocknete Chiliflocken
Salz
3 EL Crème fraîche
Pfeffer, frisch gemahlen
1 EL Zitronensaft, frisch gepresst

Zubereitungszeit:
30 Minuten

**AUF VORRAT** Die Suppe lässt sich prima für den Vorrat zubereiten. Einfach die doppelte Menge kochen und die Hälfte der Suppe ohne Crème fraîche zubereiten. Diese kochend heiße Suppe in 1 bis 2 saubere Twist-off-Gläser füllen und fest verschließen. Im Kühlschrank gelagert ist die Suppe mindestens 2 Wochen haltbar. Vor dem Verzehr die Suppe aufkochen, mit Salz und Pfeffer nachwürzen und Crème fraîche unterrühren.

# KOKOSSUPPE MIT HÄHNCHEN

**1.** Ingwer schälen, Knoblauch abziehen und beides mit der Chilischote fein würfeln. Hähnchenbrust waschen, trockentupfen und quer in ½ Zentimeter dicke Scheiben schneiden. Champignons putzen und in Scheiben schneiden.

**2.** Öl in einem Topf erhitzen und Ingwer, Knoblauch und Chili darin 2 Minuten dünsten. Mit Currypulver bestäuben und kurz mitdünsten. Kokosmilch und Brühe zugießen und aufkochen. Hähnchenfleisch zugeben und bei mittlerer Hitze 6 Minuten garen. Champignons untermischen und 2 Minuten mitgaren.

**3.** Suppe mit Salz und Limettensaft würzen. Basilikum waschen, trockenschütteln, die Blätter von den Stängeln streifen und grob zupfen.

**4.** Die Kokossuppe mit Basilikum bestreuen und servieren.

Zutaten für 2 Personen

20 g frischer Ingwer
1 Knoblauchzehe
½ rote Chilischote
1 Hähnchenbrustfilet
(150 g)
200 g Champignons
2 EL neutrales Öl
1 TL mildes Currypulver
400 ml ungesüßte
Kokosmilch
400 ml Geflügelbrühe
Salz
2 EL Limettensaft, frisch
gepresst
3 Stängel Thaibasilikum
(ersatzweise normales
Basilikum oder Koriander)

Zubereitungszeit:
30 Minuten

**ZUSÄTZLICH** Gekochter Basmatireis ist eine perfekte Suppeneinlage, die zusätzlich sättigt.

**ALTERNATIVE** Vegetarier ersetzen das Hähnchenfleisch durch Tofu. Und wer noch mehr Gemüse mag, ergänzt die Suppe mit Zuckerschoten, tiefgefrorenen Erbsen oder Auberginenwürfeln.

# KLARE ASIASUPPE

**1.** Ingwer schälen und fein würfeln. Knoblauch abziehen und in dünne Scheiben schneiden. Chilischote längs halbieren und fein schneiden. Frühlingszwiebeln waschen, putzen, das Weiße und Hellgrüne schräg in dünne Ringe schneiden. Römersalat putzen, waschen und die Salatblätter in feine Streifen schneiden. Hähnchenbrust waschen, trockentupfen und quer in ½ Zentimeter dicke Scheiben schneiden.

**2.** Brühe aufkochen. Ingwer, Knoblauch, Chili und die Hälfte der Frühlingszwiebeln dazugeben und bei mittlerer Hitze 5 Minuten kochen. Fleisch zufügen und 5 Minuten garen. Nudeln in die Brühe geben und nach Packungsanweisung kochen.

**3.** Koriandergrün waschen, trockenschütteln und die Blättchen mit den zarten Stielen abzupfen. Limettensaft auspressen. Asiasuppe mit Limettensaft und Sojasauce abschmecken.

**4.** Römersalat, die restlichen Frühlingszwiebeln und Koriandergrün auf 2 Suppenschälchen verteilen. Die Asiasuppe mit der Suppeneinlage dazugeben und servieren.

Zutaten für 2 Personen

30 g frischer Ingwer
1 Knoblauchzehe
1 rote Chilischote
2 Frühlingszwiebeln
1 Römersalatherz
150 g Hähnchenbrustfilet
1 l Geflügelbrühe
50 g Sobanudeln (ersatzweise Reisnudeln)
5 Stängel Koriandergrün
1 Limette
3–4 EL Sojasauce

Zubereitungszeit:
25 Minuten

**TIPP** Dieser Suppe sind keine Grenzen gesetzt. Sie kann auch mit Zuckerschoten, Babyspinat, Sojasprossen und/oder Champignons zubereitet werden. Statt des Hähnchenfleischs eignen sich auch Tofu oder dünne Scheiben Rinderfilet.

**ZUSÄTZLICH** Für zusätzliche Würze und Biss die Suppe mit einigen Röstzwiebeln bestreuen und servieren.

# SPINAT-KARTOFFEL-CURRY

**1.** Spinat auftauen. Zwiebel abziehen und fein würfeln. Kartoffeln waschen, schälen und in 1 Zentimeter große Würfel schneiden.

**2.** Butter in einem Topf zerlassen und die Zwiebel darin bei mittlerer Hitze glasig dünsten. Kartoffeln zugeben und 4 Minuten mitdünsten. Mit Currypulver bestäuben und kurz rösten. Brühe und Sahne zugießen, aufkochen und die Kartoffeln zugedeckt 10 bis 15 Minuten garen.

**3.** Den aufgetauten Spinat ausdrücken. Spinat und Rosinen zu den Kartoffeln geben und 5 Minuten mitkochen. Spinat-Kartoffel-Curry mit Salz, Pfeffer und Muskat würzen.

Zutaten für 2 Personen

400 g tiefgefrorener
Blattspinat
1 Zwiebel
400 g vorwiegend
festkochende Kartoffeln
1 EL Butter
1–2 TL mildes Currypulver
200 ml Gemüsebrühe
200 g Schlagsahne
2 EL Rosinen
Salz
Pfeffer, frisch gemahlen
Muskatnuss, frisch gerieben

Zubereitungszeit:
30 Minuten

**TIPP** Aus dem Spinat-Kartoffel-Curry lässt sich schnell ein feiner Auflauf zaubern: Dafür das Curry in eine gefettete Auflaufform geben und mit 50 Gramm geraspeltem Gouda bestreuen. Im heißen Backofen bei 200 °C (Umluft 180 °C, Gas Stufe 3–4) auf der mittleren Schiene ca. 15 Minuten goldbraun überbacken.

**ZUSÄTZLICH** Das Curry mit einigen grob gehackten Cashewkernen variieren.

# ORIENTALISCHE LINSENSUPPE MIT MANDELMISCHUNG

**1.** Zwiebel und Knoblauch abziehen und in feine Würfel schneiden. Linsen in ein Sieb geben, mit kaltem Wasser abspülen und abtropfen lassen.

**2.** Butter in einem Topf zerlassen und Zwiebel und Knoblauch darin bei mittlerer Hitze glasig dünsten. Linsen, Currypulver und Kreuzkümmel dazugeben und unter Rühren kurz mitdünsten. Brühe zugießen und aufkochen. Zugedeckt bei mittlerer Hitze 15 bis 20 Minuten kochen.

**3.** In der Zwischenzeit für die Mandelmischung die Zitrone waschen, trockentupfen und 1 Teelöffel Schale fein abreiben. Salzmandeln hacken. Petersilie waschen, trockenschütteln, die Blätter abzupfen und fein schneiden. Zitronenschale, Mandeln, Petersilie und Chiliflocken mischen.

**4.** Suppe mit einem Stabmixer fein pürieren. Mit Salz und einigen Spritzern Zitronensaft würzen. Suppe mit der Mandelmischung bestreuen und sofort servieren.

Zutaten für 2 Personen

1 Zwiebel
1 Knoblauchzehe
200 g rote Linsen
1 EL Butter
2 TL mildes Currypulver
½ TL gemahlener Kreuzkümmel
1 l Geflügel- oder Gemüsebrühe
1 Biozitrone
2 EL Salzmandeln
3 Stängel glatte Petersilie
½ TL getrocknete Chiliflocken
Salz

Zubereitungszeit:
30 Minuten

**NOCH SCHNELLER** Die Mandelmischung weglassen und die Suppe einfach mit 4 Esslöffel Schmand servieren.

**TIPP** Reste schmecken auch am nächsten Tag. Falls die Suppe dann zu dickflüssig ist, mit etwas Wasser oder Brühe verdünnen.

**FÜR GÄSTE** Die Suppe mit den Speckdatteln von Seite 66 kombinieren und als Vorspeise servieren.

# MAISSUPPE MIT GREMOLATA

**1.** Zwiebel abziehen und fein würfeln. Mais über einem Sieb abgießen. Gemüsebrühe erhitzen.

**2.** Butter in einem Topf zerlassen und die Zwiebel darin 2 Minuten dünsten. Mehl zugeben und unter Rühren kurz mitdünsten. Mais, Gemüsebrühe und Sahne zugeben und aufkochen. Zugedeckt bei mittlerer Hitze 10 Minuten kochen, dabei immer mal wieder umrühren.

**3.** In der Zwischenzeit für die Gremolata die Petersilie waschen, trockenschütteln, die Blätter von den Stängeln zupfen und hacken. Knoblauch abziehen und mit der Chilischote fein hacken. Zitrone waschen und 1 Teelöffel Schale fein abreiben. Petersilie mit Knoblauch, Chili und Zitronenschale mischen und beiseitestellen. Zitrone halbieren und 1 Esslöffel Saft auspressen. Käse raspeln.

**4.** Die Suppe mit einem Stabmixer fein pürieren und mit Salz und Zitronensaft abschmecken. Maissuppe mit Gremolata und Käse bestreuen.

Zutaten für 2 Personen

1 Zwiebel
1 Dose Mais
(285 g Abtropfgewicht)
500 ml Gemüsebrühe
½ EL Butter
2 TL Mehl
100 g Schlagsahne
½ Bund glatte Petersilie
½ Knoblauchzehe
½ rote Chilischote
1 Biozitrone
40 g Cheddar (ersatzweise mittelalter Gouda)
Salz

Zubereitungszeit:
20 Minuten

**ZUSÄTZLICH** Knusprig gebratene Chorizo (spanische Paprikawurst) als Einlage: Hierfür 4 Scheiben hauchdünn geschnittene Chorizo in einer Pfanne ohne Fett ca. 5 Minuten knusprig braten, auf Küchenpapier abtropfen lassen und auf der Suppe anrichten.

# SÜSSKARTOFFELCURRY

**1.** Ingwer schälen und fein würfeln. Zwiebel abziehen und mit der Chilischote fein würfeln. Süßkartoffeln waschen, schälen und in 2 Zentimeter große Stücke schneiden.

**2.** Apfel waschen, schälen, vierteln, entkernen und das Fruchtfleisch in 1 Zentimeter große Würfel schneiden.

**3.** Butter in einem Topf erhitzen. Ingwer, Zwiebel und Chili darin 2 Minuten dünsten. Süßkartoffeln zugeben und 2 Minuten mitdünsten. Alles mit Currypulver bestäuben und kurz mitrösten. Brühe zugießen, aufkochen und alles zugedeckt 12 Minuten kochen. Bohnen und Apfelwürfel untermischen und 5 Minuten mitgaren.

**4.** Das Süßkartoffelcurry mit Salz und Limettensaft würzen. Mit Joghurt servieren.

Zutaten für 2 Personen

30 g frischer Ingwer
1 Zwiebel
½ rote Chilischote
500 g Süßkartoffeln
1 kleiner säuerlicher Apfel
1 EL Butter
1 ½ TL mildes Currypulver
400 ml Gemüsebrühe
250 g tiefgekühlte grüne Bohnen
Salz
2–3 TL Limettensaft, frisch gepresst
150 g Naturjoghurt

Zubereitungszeit:
30 Minuten

**ZUSÄTZLICH** **Für eine schnelle Fleischeinlage 150 Gramm Schweinemett grob zupfen und mit den Bohnen und Apfelwürfeln mitgaren.**

# GELBES GEMÜSECURRY

**1.** Ingwer schälen und fein würfeln. Knoblauch abziehen und hacken. Chilischote längs halbieren, entkernen und fein schneiden. Frühlingszwiebeln waschen, putzen und das Weiße und Hellgrüne schräg in 2 Zentimeter lange Stücke schneiden. Spargel waschen, das untere Drittel schälen und die Enden abschneiden. Spargel in 3 Zentimeter lange Stücke schneiden. Zuckerschoten waschen.

**2.** Öl in einem Wok oder einer großen Pfanne erhitzen und Ingwer, Knoblauch, Chili, Frühlingszwiebeln, Zuckerschoten und Spargel darin bei mittlerer Hitze 5 Minuten braten. Salzen.

**3.** Gemüse mit Currypulver bestäuben und unter Rühren kurz mitbraten. Kokosmilch und 200 Milliliter Wasser zugießen, aufkochen und bei mittlerer Hitze 5 bis 7 Minuten kochen. Curry mit Salz, Zucker und Limettensaft abschmecken. Mit Röstzwiebeln bestreuen und servieren.

Zutaten für 2 Personen

25 g frischer Ingwer
1 Knoblauchzehe
1 rote Chilischote
2 Frühlingszwiebeln
250 g grüner Spargel
150 g Zuckerschoten
2 EL neutrales Öl
Salz
2 TL mildes Currypulver
200 ml ungesüßte Kokosmilch
1 Prise Zucker
2–3 TL Limettensaft, frisch gepresst
2 EL Röstzwiebeln

Zubereitungszeit:
30 Minuten

**TIPP** **Als Beilage passt Reis dazu.**

**NOCH SCHNELLER** **Statt Ingwer, Knoblauch, Chili und Currypulver 1 bis 2 Esslöffel gelbe Currypaste kurz mit dem Gemüse mitbraten.**

# LINSENCURRY MIT SCHWEIN

**1.** Zwiebeln abziehen, halbieren und in Streifen schneiden. Knoblauch abziehen und hacken. Ingwer schälen und fein würfeln. Möhren waschen, schälen und schräg in ½ Zentimeter dicke Scheiben schneiden. Schweinenacken in 2 Zentimeter große Stücke schneiden.

**2.** In einer tiefen Pfanne 1 Esslöffel Öl erhitzen und das Fleisch darin bei starker Hitze rundherum 5 Minuten braten. Mit Salz würzen und herausnehmen.

**3.** 1 Esslöffel Öl und Butter in dem Bratfett erhitzen und Zwiebel, Knoblauch, Ingwer und Möhre darin bei mittlerer Hitze 5 Minuten braten. Mit wenig Salz würzen. Linsen und Currypulver dazugeben und unter Rühren kurz mitbraten.

**4.** Tomaten und Brühe zugießen, aufkochen und zugedeckt 20 Minuten kochen. Fleisch untermischen und 5 Minuten mitkochen. Linsencurry mit Salz, Zucker, Chiliflocken und Limettensaft abschmecken.

Zutaten für 2 Personen

2 Zwiebeln
1 Knoblauchzehe
30 g frischer Ingwer
150 g Möhren
2 Schweinenackensteaks
(à 100 g)
2 EL neutrales Öl
Salz
½ EL Butter
80 g rote Linsen
2 TL mildes Currypulver
1 Dose stückige Tomaten
(400 g Füllmenge)
250 ml Gemüsebrühe
1 Prise Zucker
getrocknete Chiliflocken
2–3 TL Limettensaft, frisch
gepresst

Zubereitungszeit:
45 Minuten

**TIPP**   **Als Beilage passt Reis dazu.**

## MINZJOGHURT
**Für einen Hauch Frische das Linsencurry mit Minzjoghurt servieren. Dafür die Blätter von 2 Stängeln frischer Minze abzupfen und fein schneiden. Mit 150 Gramm griechischem Sahnejoghurt (10 % Fett) mischen, fertig!**

# KICHERERBSENEINTOPF MIT SPINAT

**1.** Spinat auftauen. Mettwurst in ½ Zentimeter dicke Scheiben schneiden. Zwiebeln und Knoblauch abziehen und in feine Würfel schneiden.

**2.** Öl in einem weiten Topf erhitzen und die Wurstscheiben darin rundherum anbraten. Zwiebeln und Knoblauch zugeben und bei mittlerer Hitze 2 Minuten mitbraten. Tomatenmark einrühren und kurz mitbraten. Pizzatomaten und 200 Milliliter heißes Wasser zugießen, aufkochen und zugedeckt 10 Minuten kochen.

**3.** In der Zwischenzeit Kichererbsen in ein Sieb geben und mit kaltem Wasser abspülen. Den aufgetauten Spinat kräftig ausdrücken. Petersilie waschen, trockenschütteln, die Blätter von den Stängeln zupfen und grob hacken.

**4.** Kichererbsen und Spinat in den Eintopf geben und 5 Minuten mitkochen. Eintopf mit Salz, Pfeffer, Zucker und Zimt würzen. Petersilie untermischen.

Zutaten für 2 Personen

250 g tiefgefrorener Blattspinat
150 g geräucherte, feste Mettwurst (ersatzweise Cabanossi)
2 kleine Zwiebeln
1 Knoblauchzehe
2 EL Olivenöl
2 TL Tomatenmark
1 Dose Pizzatomaten (400 g Füllmenge)
1 Dose Kichererbsen (265 g Abtropfgewicht)
½ Bund glatte Petersilie
Salz
Pfeffer, frisch gemahlen
1 Prise Zucker
1 Prise Zimtpulver

Zubereitungszeit:
30 Minuten

**ZUSÄTZLICH** Dazu passt Baguette.

**ALTERNATIVE** Statt der Kichererbsen kleine weiße Dosenbohnen verwenden. Der Eintopf schmeckt auch noch am nächsten Tag!

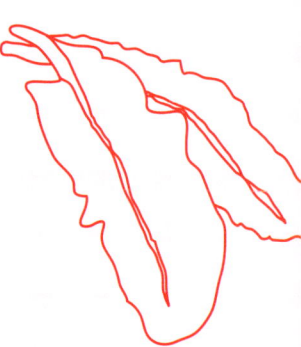

# LINSENEINTOPF MIT WÜRSTCHEN

**1.** Speck in ½ Zentimeter große Würfel schneiden. Zwiebel abziehen und fein würfeln. Suppengrün und Kartoffel waschen, putzen, schälen und in kleine Würfel schneiden. Linsen in ein Sieb geben und mit kaltem Wasser abspülen.

**2.** Butter in einem Topf erhitzen und den Speck darin 3 Minuten goldbraun braten. Zwiebel, Suppengrün und Kartoffel zugeben und bei mittlerer Hitze 5 Minuten mitbraten. Brühe zugießen, aufkochen und das Gemüse 10 Minuten garen.

**3.** In der Zwischenzeit den Schnittlauch waschen, trockenschütteln und in feine Röllchen schneiden. Schnittlauch mit Schmand verrühren. Würstchen schräg in ½ Zentimeter dicke Scheiben schneiden.

**4.** Linsen unter die Speck-Gemüse-Mischung mischen und 5 Minuten mitkochen. Würstchen zugeben und einige Minuten in dem Eintopf erwärmen. Linseneintopf mit Salz, Pfeffer und Essig würzen. Mit dem Schnittlauchschmand servieren.

Zutaten für 2 Personen

80 g durchwachsener Speck
1 Zwiebel
1 Bund Suppengrün (300 g)
100 g Kartoffel
1 Dose Linsen
(265 g Abtropfgewicht)
1 EL Butter
400 ml Gemüsebrühe
½ Bund Schnittlauch
100 g Schmand
2 Wiener Würstchen
Salz
Pfeffer, frisch gemahlen
1–2 EL Rotweinessig

Zubereitungszeit:
35 Minuten

**TIPP** Gleich die doppelte Menge kochen, denn am nächsten Tag schmeckt der Eintopf besonders lecker.

**ALTERNATIVE** Für einen Hauch Exotik mit Zwiebel, Suppengrün und Kartoffel 20 Gramm frischen, gewürfelten Ingwer mitbraten. 1 bis 2 Teelöffel mildes Currypulver zugeben und den Eintopf wie beschrieben zubereiten. Statt der Wiener Würstchen zum Schluss 2 Esslöffel gewürfelte getrocknete Pflaumen untermischen.

# SPANISCHER REISTOPF

**1.** Brühe erhitzen. Zwiebel abziehen, halbieren und in Streifen schneiden. Wurst in ½ Zentimeter dicke Scheiben schneiden. Garnelen kalt abwaschen und trockentupfen. Tomaten waschen und vierteln.

**2.** In einem großen Topf 2 Esslöffel Öl erhitzen und die Zwiebel darin bei mittlerer Hitze 2 Minuten dünsten. Wurst dazugeben und 2 Minuten mitbraten. Reis und Paprikapulver zufügen und unter Rühren kurz mitbraten. 450 Milliliter Brühe zugießen, aufkochen und zugedeckt bei schwacher Hitze 15 Minuten kochen. Garnelen untermischen und für weitere 5 Minuten mitkochen.

**3.** Koriandergrün waschen, trockenschütteln und die Blätter mit den feinen Stielen abzupfen. Zitrone waschen, trockentupfen und in Spalten schneiden.

**4.** Tomaten unter den Reistopf mischen und 2 Minuten garen. Reistopf mit Salz und Pfeffer würzen. Falls die Konsistenz zu fest ist, eventuell 50 Milliliter Brühe untermischen. Mit Koriandergrün bestreuen und mit Zitronenspalten servieren.

Zutaten für 2 Personen

450–500 ml Geflügelbrühe
1 Zwiebel
100 g Chorizo (feste spanische Paprikawurst)
100 g Garnelen, geschält und gekocht (Kühlregal)
200 g Kirschtomaten
3 EL Olivenöl
125 g Rundkornreis
1 gestrichener TL edelsüßes Paprikapulver
4 Stängel Koriandergrün (ersatzweise glatte Petersilie)
1 Biozitrone
Salz
Pfeffer, frisch gemahlen

Zubereitungszeit:
35 Minuten

**TIPP** Für noch mehr spanischen Geschmack den Reistopf 10 Minuten vor Ende der Garzeit mit 8 bis 10 Safranfäden würzen. Dann schmeckt das Gericht ein wenig wie eine Paella.

**ALTERNATIVE** Wer keine Chorizo bekommt, nimmt Kabanossi. Statt der Wurst kann auch 150 Gramm in grobe Würfel geschnittenes Hähnchenbrustfilet gebraten und mitgegart werden.

# KICHERERBSENCURRY

**1.** Spinat auftauen, kräftig ausdrücken und grob schneiden. Zwiebel halbieren und in dünne Streifen schneiden. Ingwer schälen und fein würfeln. Kichererbsen in ein Sieb geben, abspülen und gut abtropfen lassen.

**2.** Butter in einem Topf schmelzen und Zwiebel und Ingwer darin bei mittlerer Hitze 3 Minuten dünsten. Mit Currypulver bestäuben und kurz mitdünsten.

**3.** Brühe und Kokosmilch zugießen und aufkochen. Spinat und Kichererbsen untermischen. Bei mittlerer Hitze 7 Minuten kochen. Mit Salz, Chiliflocken und Limettensaft würzen.

Zutaten für 2 Personen

250 g tiefgefrorener Blattspinat
1 rote Zwiebel
30 g frischer Ingwer
1 Dose Kichererbsen (265 g Abtropfgewicht)
1 EL Butter
2 TL mildes Currypulver
150 ml Gemüsebrühe
400 ml ungesüßte Kokos-milch
Salz
getrocknete Chiliflocken
2–3 TL Limettensaft, frisch gepresst

Zubereitungszeit:
20 Minuten

**ZUSÄTZLICH** **Als Beilage passt Reis dazu. Für ein wenig Süße 30 Gramm in Streifen geschnittene, getrocknete Aprikosen oder Cranberrys mitkochen.**

**ALTERNATIVE** **Als Scharfmacher eignen sich auch Sambal Oelek oder frische Chili-schoten. Frische Chilischoten können auf einem Teller ausgebreitet getrocknet werden. Sie halten, trocken aufbewahrt, monatelang.**

**TIPP** **Den Spinat schon am Vorabend auf einen tiefen Teller legen und im Kühlschrank auftauen lassen. Ansonsten lässt sich Spinat bei niedriger Leistung schnell in der Mikrowelle auftauen, oder man gibt den Spinat – noch gut in Folie verschweißt – in eine Schüssel mit lauwarmem Wasser.**

# PASTA, PIZZA, REIS, KARTOFFELN

# ÜBERBACKENER SCHAFSKÄSE

**1.** Den Backofen mit zwei ofenfesten Förmchen (à 15 Zentimeter Durchmesser) auf 240 °C (Umluft 220 °C, Gas Stufe 5–6) vorheizen. Zwiebeln abziehen, halbieren und in feine Streifen schneiden. Tomaten waschen und halbieren. Peperoni in Ringe schneiden. Schafskäse trockentupfen und quer halbieren.

**2.** Zwiebeln, Kirschtomaten und Peperoni in einer Schüssel mit 2 Esslöffel Öl, Salz und Pfeffer mischen. Förmchen aus dem Backofen nehmen. Zwiebel-Tomaten-Mischung in die Förmchen geben. Jeweils ein Stück Käse darauf legen. Käse mit Paprikapulver und Oregano bestreuen und mit je 1 Esslöffel Öl beträufeln. Oliven rundherum verteilen.

**3.** Käse im heißen Backofen auf der mittleren Schiene in 15 bis 20 Minuten goldbraun überbacken.

**4.** In der Zwischenzeit die Petersilie waschen, trockenschütteln, Blätter abzupfen und grob hacken. Überbackenen Schafskäse mit Petersilie bestreuen und sofort servieren.

Zutaten für 2 Personen

2 Zwiebeln
250 g Kirschtomaten
2 eingelegte, milde, grüne Peperoni (Glas)
250 g Schafskäse
4 EL Olivenöl
Salz
Pfeffer, frisch gemahlen
½ TL edelsüßes Paprikapulver
1 TL getrockneter Oregano
6 schwarze Oliven (z. B. Kalamata)
2 Stängel glatte Petersilie

Zubereitungszeit:
30 Minuten

**ALTERNATIVE** Diese Zubereitung eignet sich auch hervorragend für die Grillsaison. Die Zwiebel-Tomaten-Mischung und den Käse wie beschrieben jeweils auf ein Stück Alufolie geben und einen kleinen Rand formen, damit keine Flüssigkeit herausläuft. Die Käsepäckchen auf den heißen Grill legen und backen.

**TIPP** Als Beilage passen Fladenbrot oder Baguette dazu.

# BLITZ-CASSOULET

**1.** Den Backofengrill vorheizen. Speck in 2 Zentimeter große Stücke schneiden. Knoblauch und Zwiebel abziehen und fein würfeln. Thymian waschen, trockenschütteln und die Blättchen abzupfen. Bohnen in ein Sieb geben, mit kaltem Wasser abspülen und abtropfen lassen.

**2.** In einer tiefen, ofenfesten Pfanne ½ Esslöffel Öl erhitzen und den Speck darin bei mittlerer Hitze 5 Minuten braten. 1½ Esslöffel Öl, Knoblauch, Zwiebel und die Hälfte des Thymians dazugeben und 2 Minuten mitbraten. Tomatenmark einrühren und kurz mitrösten. Tomaten und 100 Milliliter Wasser zugießen. Alles aufkochen und bei schwacher Hitze 10 Minuten kochen.

**3.** In der Zwischenzeit das Brot in dünne Scheiben schneiden und in einem Blitzhacker zu groben Bröseln zerkleinern. Mit dem restlichen Thymian und 2 Esslöffel Öl mischen.

**4.** Bohnen unter die Tomatensauce mischen und 2 Minuten mitkochen. Bohnen-Tomaten-Mischung mit Salz, Pfeffer und Zucker würzen. Thymianbrösel darüber streuen. Alles unter dem heißen Backofengrill im oberen Drittel ca. 5 Minuten unter Beobachtung goldbraun überbacken und sofort servieren.

Zutaten für 2 Personen

100 g durchwachsener Speck
2 Knoblauchzehen
1 Zwiebel
5 Stängel Thymian
1 Dose kleine, weiße Bohnen
(250 g Abtropfgewicht)
4 EL Olivenöl
2 TL Tomatenmark
1 Dose stückige Tomaten
(400 g Füllmenge)
100 g altbackenes Weißbrot
Salz
Pfeffer, frisch gemahlen
1 Prise Zucker

Zubereitungszeit:
35 Minuten

**NOCH SCHNELLER** Tomaten-Bohnen-Mischung nicht mit Bröseln im Backofen überbacken, sondern einfach mit frischem Baguette servieren.

**ZUSÄTZLICH** Das Brät von 1 groben, ungebrühten Bratwurst mit 1 Teelöffel gehackter Fenchelsaat mischen und zu Klößchen formen. Diese 5 Minuten in dem Tomatensud garen. Bohnen zufügen und wie beschrieben zubereiten.

**TIPP** Dazu passt ein kräftiger, trockener Rotwein.

# GEMÜSEWEIZEN

**1.** Salzwasser zum Kochen bringen. Weizenkörner in dem kochenden Salzwasser nach Packungsanweisung garen.

**2.** In der Zwischenzeit die Zwiebel abziehen, halbieren und in Streifen schneiden. Möhren waschen, putzen und schälen. Sellerie waschen, putzen und entfädeln. Möhren und Sellerie in feine Streifen schneiden. Tomaten waschen und halbieren. Minze und Basilikum waschen und trockenschütteln. Kräuterblätter abzupfen und hacken. Oliven halbieren.

**3.** In einer Pfanne 2 Esslöffel Öl erhitzen und die Zwiebel darin 3 Minuten dünsten. Möhren und Sellerie zugeben und 4 Minuten leicht knackig dünsten. Mit Salz und Pfeffer würzen.

**4.** Weizen abgießen und in eine Schüssel geben. Mit Zwiebel, Möhren, Sellerie, Tomaten, Minze, Basilikum, Oliven und 2 Esslöffel Öl mischen. Mit Salz, Pfeffer und Zitronensaft abschmecken.

Zutaten für 2 Personen

Salz
125 g Weizenkörner
(z. B. Sonnenweizen von
Ebly® im Kochbeutel)
1 rote Zwiebel
150 g Möhren
150 g Staudensellerie
150 g Kirschtomaten
2 Stängel Minze
2 Stängel Basilikum
30 g grüne oder schwarze,
entsteinte Oliven
4 EL Olivenöl
Pfeffer, frisch gemahlen
2–3 EL Zitronensaft

Zubereitungszeit:
30 Minuten

**TIPP** Gemüseweizen schmeckt auch einige Stunden durchgezogen als kalter Salat. Reste können über Nacht im Kühlschrank aufbewahrt und am nächsten Tag als Mittagssnack verzehrt werden. Oder man bereitet die doppelte Menge zu und hat dann gleich ein feines Essen für zwei Tage.

**ALTERNATIVE** Wer keinen Weizen bekommt, kann stattdessen Instant-Bulgur oder -Couscous verwenden.

# MEDITERRANE KARTOFFELPFANNE

**1.** Kartoffeln pellen und in ½ Zentimeter dicke Scheiben schneiden. Zwiebel und Knoblauch abziehen. Zwiebel halbieren und in feine Streifen schneiden. Knoblauch hacken. Tomaten waschen und halbieren. Rucola putzen, waschen und trockenschleudern.

**2.** Öl in einer großen Pfanne erhitzen und die Kartoffelscheiben darin bei mittlerer bis starker Hitze rundherum goldbraun braten. Mit Salz und Pfeffer würzen. Zwiebel und Knoblauch zugeben und 3 bis 4 Minuten mitbraten.

**3.** Kapern und Tomaten untermischen und 2 Minuten mitbraten. Kartoffelpfanne mit Salz, Pfeffer, Zucker und Essig würzen. Rucola kurz vor dem Servieren untermischen.

Zutaten für 2 Personen

500 g gekochte
Pellkartoffeln (vom Vortag)
1 Zwiebel
1 Knoblauchzehe
200 g Kirschtomaten
1 Bund Rucola (40 g)
4 EL Olivenöl
Salz
Pfeffer, frisch gemahlen
2 EL Kapern
1 Prise Zucker
1–2 EL Rotweinessig

Zubereitungszeit:
20 Minuten

**ALTERNATIVE** Schmeckt auch lauwarm oder kalt als Salat. Wer mag, verfeinert die Kartoffelpfanne mit gebratenen Garnelen – ideal für Gäste.

**TIPP** Frisch gekochte Pellkartoffeln mit kaltem Wasser abspülen, dann lassen sie sich besser pellen.

# OFENGEMÜSE MIT DIP

**1.** Den Backofen auf 220 °C (Umluft 200 °C, Gas Stufe 4–5) vorheizen. Kürbis waschen, putzen und entkernen. Fenchel waschen, putzen und das zarte Grün beiseite legen. Kürbis und Fenchel in 1 Zentimeter dicke Spalten schneiden. Möhren waschen, schälen und schräg in 1 Zentimeter dicke Scheiben schneiden. Kartoffeln waschen, trockentupfen und halbieren. Rosmarin waschen, trockenschütteln und die Nadeln von den Zweigen streifen. Knoblauchzehen abziehen und halbieren.

**2.** Kartoffeln, Kürbis, Fenchel, Möhren, Rosmarin und Knoblauch in einer Schüssel mit 2 Esslöffel Öl mischen, salzen und pfeffern. Gemüse auf einem Backblech verteilen und im heißen Backofen im unteren Drittel 30 bis 35 Minuten garen.

**3.** In der Zwischenzeit den Frischkäse mit Zitronensaft und 1 Esslöffel Öl verrühren. Mit Salz und Pfeffer würzen. Schnittlauch waschen, trockenschütteln und in Röllchen schneiden. Schnittlauch unter den Frischkäse rühren. Das Ofengemüse mit dem Dip servieren.

Zutaten für 2 Personen

300 g Hokkaido-Kürbis
1 große Fenchelknolle mit Grün
200 g Möhren
300 g kleine, neue Kartoffeln (Drillinge)
2 Zweige Rosmarin
4 Knoblauchzehen
3 EL Olivenöl
Salz
Pfeffer, frisch gemahlen
200 g körniger Frischkäse
1 EL Zitronensaft, frisch gepresst
½ Bund Schnittlauch

Zubereitungszeit:
45 Minuten

**TIPP** Sind noch Paprikaschoten, Sellerieknolle, Süßkartoffeln, Pastinaken, Rote Bete oder Blumenkohl im Kühlschrank? Kein Problem! Einfach waschen, putzen, in Stücke schneiden und mit auf das Blech legen!

**ZUSÄTZLICH** Zwei im Gelenk geteilte Hähnchenkeulen mit auf das Blech legen. Dann erhöht sich die Garzeit auf 40 bis 45 Minuten.

# GEMÜSE-TORTILLA

**1.** Den Backofen auf 180 °C (Umluft 160 °C, Gas Stufe 2–3) vorheizen. Etwas Wasser zum Blanchieren aufkochen und salzen. Erbsen in das kochende Salzwasser geben und 2 Minuten kochen. Abgießen, mit kaltem Wasser abschrecken und abtropfen lassen. Lauch putzen, längs halbieren, gründlich waschen und in 2 Zentimeter große Stücke schneiden. Petersilie waschen, trockenschütteln, Blätter abzupfen und fein schneiden. Käse fein reiben.

**2.** Eier mit Milch und Käse verquirlen, salzen und pfeffern. Öl in einer ofenfesten Pfanne (18 Zentimeter Durchmesser) erhitzen. Den Lauch darin bei mittlerer Hitze 5 Minuten dünsten, leicht salzen und pfeffern. Erbsen und die Hälfte der Petersilie untermischen.

**3.** Eimischung über das Gemüse gießen und 2 Minuten stocken lassen. Im heißen Backofen auf der mittleren Schiene 20 Minuten backen. Kurz ruhen lassen, aus der Pfanne stürzen und in Stücke schneiden. Mit der restlichen Petersilie bestreuen und servieren.

Zutaten für 2 Personen

Salz
150 g tiefgefrorene Erbsen
250 g Lauch
3 Stängel glatte Petersilie
40 g Bergkäse
4 Eier (Größe M)
50 ml Milch
Salz
Pfeffer, frisch gemahlen
2 EL Olivenöl

Zubereitungszeit:
30 Minuten

**TIPP**  Reste der Tortilla schmecken auch kalt als Mittagssnack oder zum Picknick.

**ALTERNATIVE**  Die Tortilla kann auch mit anderem Gemüse wie Zucchini, Paprika oder Kürbis zubereitet werden. Statt Bergkäse eignet sich auch Parmesan, Manchego oder mittelalter Gouda.

## TOMATENSALAT

Dazu passt ein frischer Tomatensalat. Dafür 350 Gramm Tomaten waschen und grob schneiden. Mit 2 Esslöffel Rotweinessig, 1 Esslöffel Wasser, Salz, 1 Prise Zucker, Pfeffer und 3 bis 4 Esslöffel Rapsöl mischen. 2 Esslöffel Schnittlauchröllchen untermischen.

# SPINAT-ZIEGENKÄSE-TASCHEN

**1.** Spinat auftauen lassen, kräftig ausdrücken und grob hacken. Den Backofen auf 180 °C (Umluft 160 °C, Gas Stufe 2–3) vorheizen. Ein Backblech mit Backpapier belegen. Zitrone waschen, trockentupfen und 1 bis 2 Teelöffel Schale fein abreiben.

**2.** Öl in einer Pfanne erhitzen und den Spinat darin bei mittlerer Hitze 4 Minuten dünsten. Spinat von der Kochstelle nehmen und den Käse unterrühren. Mit Salz, Pfeffer und Zitronenschale würzen.

**3.** Eigelb mit 1 Esslöffel Wasser verrühren. Blätterteig entrollen, in 9 Quadrate schneiden und auf das Backblech legen. Teig dünn mit der Hälfte des Eigelbs bestreichen. Je 2 Esslöffel der Spinatmischung auf die Teigquadrate geben. Teig von der einen Ecke zur anderen über die Füllung klappen. Die Ränder rundherum sorgfältig andrücken.

**4.** Die Teigtaschen mit dem restlichen Eigelb bestreichen und mit Sesam bestreuen. Im heißen Backofen auf der mittleren Schiene ca. 20 Minuten goldbraun backen. Heiß servieren.

Zutaten für 2 Personen

500 g tiefgefrorener Blattspinat
1 Biozitrone
2 EL Olivenöl
100 g Ziegenfrischkäse
Salz
Pfeffer, frisch gemahlen
1 Eigelb
1 Rolle Blätterteig (Kühlregal, 275 g)
1 EL Sesamsaat

Zubereitungszeit: 40 Minuten

**TIPP** Die Spinat-Ziegenkäse-Taschen sind auch kalt oder lauwarm ein köstlicher Partysnack. Reste schmecken auch noch am nächsten Tag.

**ZUSÄTZLICH** 20 Gramm getrocknete Sauerkirschen, Cranberrys oder Aprikosen hacken und in die Spinatmischung geben. Teigtaschen vor dem Backen mit 1 Teelöffel Kreuzkümmel und ½ Teelöffel getrockneten Chiliflocken bestreuen – sieht schön aus und schmeckt nach einem Hauch Orient.

# PAPRIKAPILAW

**1.** Zwiebeln abziehen, halbieren und in grobe Streifen schneiden. Paprikaschoten waschen, vierteln, entkernen und das Fruchtfleisch in grobe Stücke schneiden.

**2.** Butter in einem Topf zerlassen und die Zwiebeln darin 2 Minuten dünsten. Paprika zugeben und 2 Minuten mitdünsten. Reis, Kurkuma, Tomatenmark und Zimt zugeben und unter Rühren kurz mitbraten. Brühe zugießen und aufkochen. Den Reis zugedeckt bei schwacher Hitze 20 Minuten garen und dabei gelegentlich umrühren.

**3.** In der Zwischenzeit die Datteln fein würfeln und 5 Minuten vor Ende der Garzeit unter den Reis mischen. Minze waschen, trockenschütteln, die Blätter von den Stängeln zupfen und grob hacken. Zitrone waschen und in Spalten schneiden.

**4.** Minzeblätter unter den Paprikapilaw mischen. Mit Salz, Pfeffer und Zimt würzen und mit den Zitronenspalten servieren.

Zutaten für 2 Personen

2 Zwiebeln
300 g rote Paprikaschoten
1 EL Butter
125 g Langkornreis
1 TL Kurkuma
2 TL Tomatenmark
1 Prise Zimtpulver
450 ml Gemüsebrühe
30 g getrocknete, entsteinte Datteln
4 Stängel Minze
½ Biozitrone
Salz
Pfeffer, frisch gemahlen

Zubereitungszeit:
35 Minuten

**ZUSÄTZLICH** Wer eine Fleischbeilage vermisst, serviert den Paprikapilaw mit gebratenen Hähnchenstücken oder Lammkoteletts.

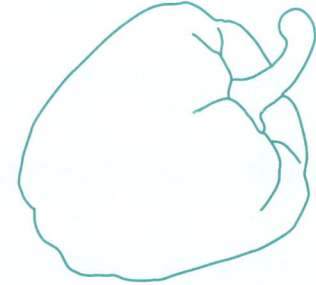

# PELLKARTOFFELN

Kartoffeln waschen. Ungeschält mit Kümmel und Salz in einem Topf mit lauwarmem Wasser bedecken. Aufkochen und zugedeckt 15 bis 20 Minuten garen. Während die Kartoffeln kochen, eine der untenstehenden Beilagen zubereiten.

**TIPP** **Kochen Sie gleich die doppelte Menge Kartoffeln. Am nächsten Tag können Sie daraus z. B. die Mediterrane Kartoffelpfanne (Seite 106) zubereiten.**

Zutaten für 2 Personen

600 g kleine festkochende Kartoffeln
2 TL Kümmelsaat
3 TL Salz

Zubereitungszeit:
20 Minuten

## MIT TOMATENSALAT UND ÖLSARDINEN

**500 g Tomaten** waschen, putzen und grob würfeln. **½ Bund Schnittlauch** waschen, trockenschütteln und in Röllchen schneiden. Tomaten mit **1–2 EL Rotweinessig** und **4 EL Rapsöl** mischen. Mit **Salz, Pfeffer** und **Zucker** würzen. Schnittlauch untermischen. Das Öl von **1 Dose Ölsardinen (125 g)** abgießen und die Fische dazu reichen.

## MIT AVOCADO-SCHNITTLAUCH-QUARK

**250 g Quark (20 % Fett)** mit **3 EL Milch** cremig rühren. Mit **1 EL Zitronensaft, Salz, Pfeffer** und **1 Prise Zucker** würzen. **½ Bund Schnittlauch** waschen, trockenschütteln und in Röllchen schneiden. **1 reife Avocado** halbieren und das Fruchtfleisch fein würfeln. Schnittlauch und Avocado unter den Quark mischen. Quark mit **1 EL Olivenöl** beträufeln.

## MIT GURKEN-PAPRIKA-SALSA

**180 g Salatgurke** waschen, schälen, längs vierteln und entkernen. **1 rote Paprikaschote** waschen, vierteln und entkernen. **1 kleine Zwiebel** abziehen. Gurke, Paprika, Zwiebel und **80 g Schafskäse** fein würfeln und mischen. **3 Stängel glatte Petersilie** waschen, trockenschütteln, Blätter abzupfen, hacken und untermischen. Mit **Salz, Pfeffer, 1 Prise Zucker, 2 TL Zitronensaft** und **2 EL Olivenöl** mischen.

## MIT SPECKSCHMAND

**80 g durchwachsenen Speck** fein würfeln. **3 Frühlingszwiebeln** waschen, putzen und in Ringe schneiden. **1 EL Öl** erhitzen und den Speck darin 5 Minuten knusprig braten. Frühlingszwiebeln kurz mitbraten. **200 g Schmand** mit **1 EL Zitronensaft** verrühren und mit **1 Prise Salz** und **Pfeffer** würzen. Speck-Zwiebel-Mischung unter den Schmand mischen.

# KNUSPRIGE KARTOFFELSTICKS

**1.** Den Backofen auf 220 °C (Umluft 200 °C, Gas Stufe 4–5) vorheizen. Ein Backblech mit Backpapier belegen.

**2.** Kartoffeln waschen, schälen und in 1 Zentimeter dicke Stifte schneiden. Thymian waschen, trockenschütteln und die Blättchen abzupfen.

**3.** Öl mit Paprikapulver verrühren. Kartoffeln in einer Schüssel mit Paprikaöl und Thymian mischen und kräftig salzen.

**4.** Kartoffeln auf dem Backblech verteilen. Im heißen Backofen auf der mittleren Schiene 25 bis 30 Minuten goldbraun backen. Kartoffelsticks eventuell etwas nachsalzen.

Zutaten für 2 Personen

600 g mittelgroße, festkochende Kartoffeln
5 Stängel Thymian
2 EL Olivenöl
½ TL edelsüßes Paprikapulver
grobes Meersalz

Zubereitungszeit:
35 Minuten

**TIPP**   Nach Belieben mit Ketchup und Mayonnaise servieren.

## BLITZ-AIOLI

Die Kartoffelsticks schmecken besonders lecker in eine Blitz-Aioli gedippt! Dafür 1 ganz frisches Ei (Größe M), 200 Milliliter neutrales Öl, 1 Teelöffel mittelscharfen Senf, Salz, Pfeffer und 2 Spritzer Zitronensaft in ein hohes schmales Gefäß geben. Einen Stabmixer in den Becher stellen und auf höchster Stufe laufen lassen. Langsam hochziehen und dabei alle Zutaten zu einer dickflüssigen Mayonnaise verquirlen. Mit 1 bis 2 durchgepressten Knoblauchzehen mischen und mit Salz, Pfeffer und Zitronensaft nachwürzen.

# POLENTA-SCHNITZEL MIT KARTOFFELSALAT

**1.** Kartoffeln waschen und in einem Topf mit heißem Salzwasser bedecken. Aufkochen und 15 bis 20 Minuten garen.

**2.** Zwiebel abziehen und fein würfeln. 1 Esslöffel Öl in einem Topf erhitzen und die Zwiebel darin glasig dünsten. Brühe und Essig zugießen und aufkochen. Brühe mit Salz, Pfeffer und Zucker würzen. Kartoffeln abgießen, kurz ausdämpfen lassen und dritteln. Kartoffeln mit der Essig-Brühe mischen. Gurke waschen, schälen und in 1 Zentimeter große Stücke schneiden. Schnittlauch waschen, trockenschütteln und in Röllchen schneiden.

**3.** Schweinefilet waschen, trockentupfen und schräg in 1 Zentimeter dicke Scheiben schneiden. Fleischscheiben nebeneinander in einen großen Gefrierbeutel legen und flach klopfen. Polenta auf einen Teller geben. Schnitzel salzen, pfeffern und in Polenta wenden. 3 Esslöffel Öl erhitzen. Schnitzel darin auf jeder Seite 2 bis 3 Minuten goldbraun braten.

**4.** Gurke, Schnittlauch und 2 Esslöffel Öl unter den Kartoffelsalat mischen. Den Salat mit Salz und Pfeffer abschmecken und mit den Schnitzeln servieren.

Zutaten für 2 Personen

500 g kleine, neue Kartoffeln (Drillinge)
Salz
1 kleine Zwiebel
6 EL neutrales Öl
200 ml Gemüsebrühe
3 EL Weißweinessig
Pfeffer, frisch gemahlen
Zucker
½ Salatgurke
½ Bund Schnittlauch
200 g Schweinefilet
60 g Polenta (Maisgrieß)

Zubereitungszeit:
45 Minuten

**TIPP** Der Salat schmeckt auch noch gut durchgezogen am nächsten Tag. Die Gurke erst dann schneiden und untermischen, da der Salat sonst verwässert. Für eine leichte Schärfe in Scheiben geschnittene Radieschen und 2 Esslöffel frisch geriebenen Meerrettich unter den Kartoffelsalat mischen.

**NOCH SCHNELLER** Den Kartoffelsalat statt mit Schnitzeln mit heißen Wiener Würstchen servieren.

# LINGUINE MIT ERBSENPESTO

**1.** In einem Topf reichlich Salzwasser aufkochen. Basilikum waschen, trockenschütteln, die Blätter von den Stängeln streifen und grob zupfen. Pinienkerne in einer Pfanne ohne Fett goldbraun rösten und herausnehmen. Parmesan fein reiben. Knoblauch abziehen. Knoblauch und Chilischote fein hacken.

**2.** Erbsen im Salzwasser 3 Minuten kochen. Erbsen über einem Sieb abgießen, dabei das Wasser für die Nudeln auffangen und erneut aufsetzen. Erbsen kalt abschrecken und abtropfen lassen. Nudeln in das kochende Salzwasser geben und nach Packungsanweisung garen.

**3.** In der Zwischenzeit drei Viertel der Erbsen mit Basilikum, Pinienkernen, Knoblauch und Chili in ein hohes, schmales Gefäß geben und mit einem Stabmixer fein pürieren. Parmesan, Crème fraîche und Öl unterrühren. Erbsenpesto mit Salz, Pfeffer und Zitronensaft würzen.

**4.** Die restlichen Erbsen zu den Nudeln in das Wasser geben und kurz erwärmen. Nudeln und Erbsen abgießen und tropfnass mit dem Erbsenpesto mischen.

Zutaten für 2 Personen

Salz
3 Stängel Basilikum
20 g Pinienkerne (ersatzweise gehackte Mandeln)
30 g Parmesan
1 Knoblauchzehe
1 kleine getrocknete Chilischote
300 g tiefgefrorene Erbsen
200 g Vollkornlinguine
1 EL Crème fraîche
2 EL Olivenöl
Pfeffer, frisch gemahlen
1–2 EL Zitronensaft, frisch gepresst

Zubereitungszeit:
30 Minuten

**ZUSÄTZLICH** Wer dem Pesto eine andere Geschmacksnote verleihen möchte, nimmt frische Minze anstatt Basilikum.

**AUF VORRAT** Pestoreste sind ein köstlicher Brotaufstrich für den nächsten Tag. Besonders lecker schmeckt Erbsenpesto auf Vollkornbrot. Zusätzlich mit dünn geschnittenem Serranoschinken belegt, ist im Nu ein schneller Snack zubereitet.

# THAINUDELN

**1.** Reichlich Salzwasser für die Nudeln aufsetzen. Möhren waschen, schälen, längs halbieren und schräg in dünne Scheiben schneiden. Zuckerschoten waschen, putzen und schräg halbieren. Knoblauch abziehen, Ingwer schälen und beides in feine Würfel schneiden. Chilischote längs halbieren, entkernen und hacken.

**2.** Öl in einer großen Pfanne erhitzen und die Möhren darin unter Rühren 4 Minuten braten. Zuckerschoten, Knoblauch, Ingwer und Chili zugeben und 3 Minuten mitbraten. Den Pfanneninhalt salzen.

**3.** Gleichzeitig die Nudeln in dem kochendem Salzwasser nach Packungsanweisung garen. Kokosmilch und Gemüsebrühe zum Gemüse gießen und aufkochen. Erdnussbutter einrühren und die Sauce aufkochen.

**4.** Koriander waschen, trockenschütteln und die Blätter von den Stängeln zupfen. Nudeln abgießen, mit der Erdnusssauce mischen und mit Limettensaft würzen. Mit Korianderblättern bestreuen und servieren.

Zutaten für 2 Personen

Salz
200 g Möhren
200 g Zuckerschoten
1 Knoblauchzehe
20 g frischer Ingwer
1 rote Chilischote
2 EL neutrales Öl
180 g asiatische Eiernudeln
200 ml ungesüßte Kokosmilch
150 ml Gemüsebrühe
3 EL Erdnussbutter (mit Erdnussstücken)
5 Stängel Koriandergrün
1–2 EL Limettensaft, frisch gepresst

Zubereitungszeit: 30 Minuten

**ZUSATZREZEPT** Die Erdnusssauce passt auch zu gebratenem Curryhähnchen. Dafür 300 Gramm Hähnchenbrustfilet in 4 Zentimeter große Stücke schneiden und mit Salz, 1 Teelöffel mildem Currypulver und 2 Esslöffel neutralem Öl mischen. Hähnchenstücke in einer heißen Pfanne rundherum 5 bis 7 Minuten goldbraun braten und mit der Erdnusssauce servieren.

# MAC'N' CHEESE

**1.** Den Backofen auf 200 °C (Umluft nicht empfehlenswert, Gas Stufe 3–4) vorheizen. Eine Auflaufform (ca. 27 x 20 Zentimeter) mit ½ Esslöffel Butter fetten. Reichlich Wasser für die Nudeln aufkochen und salzen.

**2.** Lauch putzen, längs halbieren, waschen und in 1 Zentimeter breite Stücke schneiden. Nudeln im Salzwasser bissfest garen. Lauch 4 Minuten vor Ende der Garzeit zufügen und mitkochen. Nudeln und Lauch abgießen, abtropfen lassen.

**3.** In einem Topf 2 Esslöffel Butter schmelzen. Mehl dazugeben und ca. 1 Minute einrühren. Milch unter Rühren zugießen, aufkochen und die Mehlschwitze bei schwacher Hitze 5 Minuten kochen lassen. Sauce mit Senf, Salz, Pfeffer, Muskat und Cayennepfeffer würzen.

**4.** Käse raspeln. Thymian waschen, trockenschütteln und die Blättchen abzupfen. Thymian, Semmelbrösel und ⅓ des Käses mischen. Nudeln, Lauch und den restlichen Käse in den Topf zur Sauce geben und untermischen.

**5.** Die Nudelmischung in die Form füllen und mit der Käse-Brösel-Mischung bestreuen. Im heißen Backofen im unteren Drittel 15 bis 20 Minuten goldbraun überbacken.

Zutaten für 2–3 Personen

2½ EL weiche Butter
Salz
300 g Lauch
180 g Nudeln (Makkaroni, Hörnchennudeln oder Gabelspaghetti)
1½ EL Mehl
400 ml Milch
2 TL mittelscharfer Senf
Pfeffer, frisch gemahlen
Muskatnuss, frisch gerieben
¼ TL Cayennepfeffer
130 g mittelalter Gouda
3 Stängel Thymian
3 EL Semmelbrösel

Zubereitungszeit:
45 Minuten

**TIPP** Dazu passt ein frischer Blattsalat (Seite 74) oder Tomatensalat (Seite 109). Reste des Auflaufs schmecken aufgewärmt am nächsten Tag.

**NOCH SCHNELLER** Den Auflauf mit gekochten Nudeln vom Vortag zubereiten.

**ALTERNATIVE** Statt des Lauchs 200 Gramm tiefgekühlte Erbsen 2 Minuten mit den Nudeln mitkochen. Oder 300 Gramm Brokkoliröschen 5 Minuten im Nudelwasser mitgaren.

# TOMATENBULGUR MIT SCHAFSKÄSE

**1.** 375 Milliliter Salzwasser aufkochen. Bulgur einrühren und zugedeckt bei schwacher Hitze 7 bis 10 Minuten quellen lassen.

**2.** In der Zwischenzeit Zwiebel abziehen und in feine Würfel schneiden. Tomaten waschen und halbieren. Öl in einer Pfanne erhitzen und die Zwiebel darin glasig dünsten. Tomatenmark einrühren und kurz mitdünsten. Tomaten zugeben und bei mittlerer Hitze 4 Minuten garen. Mit Salz, Zucker und Pfeffer würzen.

**3.** Petersilie waschen, trockenschütteln, die Blätter von den Stängeln zupfen und grob hacken. Oliven halbieren. Schafskäse zerbröseln.

**4.** Bulgur mit einer Gabel auflockern und mit der Tomatenmischung, Petersilie und Oliven vermengen. Mit Salz und Pfeffer abschmecken. Mit Schafskäse bestreuen und servieren.

Zutaten für 2 Personen

Salz
150 g Instant-Bulgur
1 Zwiebel
400 g Kirschtomaten
2 EL Olivenöl
1 TL Tomatenmark
1 Prise Zucker
Pfeffer, frisch gemahlen
½ Bund glatte Petersilie
30 g schwarze, entsteinte Oliven
100 g Schafskäse

Zubereitungszeit:
25 Minuten

**TIPP** Dieses Gericht schmeckt auch kalt am nächsten Tag, deshalb lohnt es sich, gleich die doppelte Menge zuzubereiten. Es kann hervorragend mit gegrillten Lammkoteletts kombiniert werden.

# FALAFEL-TASCHE

**1.** Frühlingszwiebeln waschen und putzen. Das Weiße fein würfeln und das Hellgrüne schräg in dünne Ringe schneiden. Petersilie waschen, Blätter abzupfen und hacken.

**2.** Kichererbsen in einem Sieb abgießen, kalt abwaschen und abtropfen lassen. In einem hohen Gefäß mit einem Stabmixer fein pürieren. Das Weiße der Frühlingszwiebeln, Petersilie, Ei und 5 Esslöffel Semmelbrösel untermischen. Mit Salz, Pfeffer, Kreuzkümmel und Zitronensaft würzen.

**3.** Gurke waschen und schälen. Tomaten waschen und den Stielansatz entfernen. Gurke und Tomate würfeln. Salat putzen, waschen, trockenschleudern und in Streifen schneiden.

**4.** In einen tiefen Teller 2 Esslöffel Semmelbrösel geben. Kichererbsenmasse mit feuchten Händen zu 8 kleinen, flachen Buletten formen und in den Semmelbröseln wenden. Öl in einer Pfanne erhitzen und die Buletten darin bei mittlerer Hitze auf jeder Seite 5 Minuten braten.

**5.** Pita-Brot in einem Toaster aufbacken. Brote öffnen und mit Frühlingszwiebelringen, Gurke, Tomaten, Salat, Kichererbsenbuletten und Joghurt füllen. Sofort servieren.

Zutaten für 2 Personen

2 Frühlingszwiebeln
2 Stängel glatte Petersilie
1 Dose Kichererbsen
(265 g Abtropfgewicht)
1 Ei (Größe M)
7 EL Semmelbrösel
Salz
Pfeffer, frisch gemahlen
½ TL gemahlener Kreuzkümmel
1–2 TL Zitronensaft, frisch gepresst
½ Salatgurke
120 g Tomaten
1 Römersalatherz
3 EL Öl
4 Pita-Taschen
150 g griechischer Sahnejoghurt (10 % Fett)

Zubereitungszeit:
35 Minuten

## ZUSÄTZLICH
200 Gramm Möhren waschen, schälen und raspeln und mit 1 Esslöffel gehackter frischer Minze unter die Kichererbsenmasse mischen.

## SESAMSAUCE
Sesamsauce schmeckt besonders gut dazu. Dafür 100 Gramm Sesampaste (Tahin) mit 2 bis 3 Esslöffel Zitronensaft, 2 Esslöffel griechischem Sahnejoghurt (10 % Fett), ½ Teelöffel edelsüßem Paprikapulver und 2 Esslöffel Wasser verrühren, salzen und pfeffern.

# SPANISCHER GEMÜSEFLADEN

**1.** Den Backofen auf 220 °C (Umluft 200 °C, Gas Stufe 4–5) vorheizen. Ein Backblech mit Backpapier belegen.

**2.** Quark, 5 Esslöffel Öl und Ei mit den Knethaken eines Handrührgerätes verrühren. Mehl, Backpulver und 1 Teelöffel Salz vermengen, zu der Quarkmischung geben und alles zu einem glatten Teig verkneten. Teig auf einer bemehlten Arbeitsfläche mit den Händen durchkneten, 40 x 30 Zentimeter groß ausrollen und auf das Backblech legen.

**3.** Zwiebeln abziehen, halbieren und in Streifen schneiden. Paprikaschoten waschen, putzen, entkernen und in Streifen schneiden. Zucchini waschen, putzen und in feine Scheiben schneiden. Thymian waschen, trockenschütteln und die Blättchen abzupfen. Kapern abtropfen lassen.

**4.** In einer Pfanne 2 Esslöffel Öl erhitzen und die Zwiebeln darin bei mittlerer Hitze 2 Minuten braten. Paprika und Thymian dazugeben und 3 Minuten mitbraten. Zucchini und Kapern untermischen, salzen und pfeffern. Gemüsemischung auf dem Teig verteilen. Den Gemüsefladen im heißen Backofen im unteren Drittel ca. 20 bis 25 Minuten backen.

**5.** Das Backblech aus dem Backofen nehmen. Parmesan mit einem Sparschäler in feine Scheiben schneiden. Gemüsefladen mit dem Käse bestreuen und servieren.

Zutaten für 2–3 Personen

125 g Magerquark
7 EL Olivenöl
1 Ei (Größe M)
200 g Mehl
1 TL Weinsteinbackpulver
Salz
2 Zwiebeln
350 g rote Paprikaschoten
250 g Zucchini
4 Stängel Thymian
30 g Kapern
Pfeffer, frisch gemahlen
30 g Parmesan

Zubereitungszeit:
45 Minuten

**TIPP** Dazu passt ein trockener Rotwein. Reste schmecken auch kalt am nächsten Tag.

**ZUSÄTZLICH** Den Gemüsefladen nach dem Backen zusätzlich mit einigen Sardellenfilets belegen.

# BOHNENCOUSCOUS

1. Brühe aufkochen. Couscous einrühren und zugedeckt bei schwacher Hitze 10 Minuten quellen lassen.

2. In der Zwischenzeit die Cabanossi in ½ Zentimeter dicke Scheiben schneiden. Zwiebel und Knoblauch abziehen. Zwiebel halbieren und in Streifen schneiden. Knoblauch fein hacken.

3. Öl in einer Pfanne erhitzen und Wurstscheiben, Zwiebel und Knoblauch darin bei mittlerer Hitze 5 Minuten braten. Tomatenmark einrühren und kurz mitrösten. 150 Milliliter Wasser zugießen und aufkochen. Bohnen untermischen und zugedeckt 4 Minuten garen.

4. Couscous in der Pfanne mit der Bohnen-Cabanossi-Mischung vermengen. Mit Salz und Pfeffer würzen.

Zutaten für 2 Personen

300 ml Gemüsebrühe
150 g Instant-Couscous
100 g Cabanossi (feste Paprikawurst)
1 Zwiebel
1 Knoblauchzehe
2 EL Olivenöl
1 EL Tomatenmark
180 g tiefgekühlte grüne Bohnen
Salz
Pfeffer, frisch gemahlen

Zubereitungszeit:
20 Minuten

**ZUSATZREZEPT** Schnellen Paprikaschmand dazu reichen: 150 Gramm Schmand mit 1 Esslöffel Zitronensaft verrühren. Die Creme mit 1 Prise Salz und ½ Teelöffel rosenscharfem Paprikapulver würzen.

# GEMÜSEPFANNE MIT COUSCOUS

**1.** Aubergine, Paprikaschote und Zucchini waschen, putzen und in 1 Zentimeter große Stücke schneiden. Zwiebel abziehen und fein würfeln. Knoblauch abziehen und andrücken. Tomaten waschen, den Stielansatz entfernen und das Fruchtfleisch würfeln.

**2.** Couscous nach Packungsanweisung in kochendem Salzwasser quellen lassen.

**3.** In einer Pfanne 1 Esslöffel Öl erhitzen und die Aubergine darin bei starker Hitze 3 Minuten braten. 1 Esslöffel Öl, Paprika, Zucchini, Zwiebel und Knoblauch dazugeben und bei mittlerer Hitze 5 Minuten mitbraten. Mit Salz, Pfeffer und Zucker würzen. Tomaten, Rosinen und 3 Esslöffel Wasser zufügen, aufkochen und 7 bis 10 Minuten kochen. Knoblauchzehe entfernen. Gemüse mit Zimt, Salz und Pfeffer abschmecken.

**4.** Petersilie waschen, trockenschütteln, Blätter abzupfen und fein schneiden. Couscous mit einer Gabel etwas auflockern und 1 Esslöffel Öl untermischen. Gemüsepfanne mit Petersilie bestreuen und mit Couscous servieren.

Zutaten für 2 Personen

200 g Aubergine
200 g rote Paprikaschote
200 g Zucchini
1 Zwiebel
1 Knoblauchzehe
250 g reife Tomaten
Salz
150 g Couscous (Instant)
3 EL Olivenöl
Pfeffer, frisch gemahlen
1 Prise Zucker
1½ EL Rosinen
1 Messerspitze Zimtpulver
3 Stängel glatte Petersilie

Zubereitungszeit:
30 Minuten

**ZUSÄTZLICH** Gemüsepfanne mit 80 Gramm geraspeltem Schafskäse bestreuen. Oder/und 30 Gramm Mandelblättchen in einer Pfanne ohne Fett hellbraun rösten und über den Couscous streuen.

**ALTERNATIVE** Gemüsepfanne ohne Couscous und stattdessen mit Baguette oder Reis servieren.

# ASIANUDELN MIT HÄHNCHEN

**1.** Chilischote längs halbieren, entkernen und fein hacken. Knoblauch abziehen und in dünne Scheiben schneiden. Koriander, Chili und Knoblauch mit Teriyaki-Sauce mischen. Hähnchenfleisch in 1 Zentimeter breite Streifen schneiden, in einer Schüssel mit der Teriyaki-Marinade mischen und 10 Minuten marinieren.

**2.** In der Zwischenzeit die Frühlingszwiebeln waschen, putzen und das Weiße und Hellgrüne schräg in 2 Zentimeter lange Stücke schneiden. Brokkoli in ein Sieb geben und mit kochendem Wasser übergießen, sodass die Röschen auftauen.

**3.** Hähnchenfleisch in einem Sieb abtropfen lassen und die Marinade auffangen. 1 Esslöffel Öl in einem Wok erhitzen. Das Fleisch darin bei starker Hitze rundherum 4 Minuten anbraten und herausnehmen. 1 weiterer Esslöffel Öl erhitzen und Frühlingszwiebeln und Brokkoli 3 Minuten braten und herausnehmen.

**4.** Marinade, 250 Milliliter Wasser und Nudeln in den Wok geben. Unter Rühren ca. 3 Minuten kochen, bis die Nudeln die Flüssigkeit aufgenommen haben. Fleisch und Gemüse untermischen und mit Limettensaft würzen.

Zutaten für 2 Personen

1 rote Chilischote
1 Knoblauchzehe
½ TL gemahlene Koriandersaat
7 EL Teriyaki-Sauce
250 g Hähnchenbrustfilet
4 Frühlingszwiebeln
250 g tiefgefrorener Brokkoli
2 EL neutrales Öl
150 g kurze Wok-Nudeln (Instant)
1–2 TL Limettensaft, frisch gepresst

Zubereitungszeit:
30 Minuten

**ALTERNATIVE** Dieses Rezept für Vegetarier abwandeln, indem das Hähnchenfleisch durch Tofu ersetzt wird. Auch Garnelen oder Schweinefleisch schmecken darin köstlich. Der Brokkoli kann z. B. durch Paprikaschoten, Möhren, Spitzkohl oder Zuckerschoten ausgetauscht werden.

# NUDELN MIT AVOCADO

**1.** Reichlich Salzwasser für die Nudeln aufsetzen. Nudeln zugeben und nach Packungsanweisung bissfest garen.

**2.** In der Zwischenzeit Knoblauch abziehen und fein hacken. Petersilie waschen, trockenschütteln, die Blätter von den Stängeln zupfen und fein hacken.

**3.** Avocado waschen, halbieren, den Stein herauslösen und das Fruchtfleisch mit einer Gabel fein zerdrücken. Mit Zitronensaft, Knoblauch, Petersilie und Olivenöl mischen. Avocadopüree mit Salz und Chiliflocken würzen.

**4.** Nudeln abgießen und tropfnass mit dem Avocadopüree mischen. Nach Belieben mit geriebenem Parmesan bestreuen.

Zutaten für 2 Personen

Salz
200 g Nudeln
(z. B. Dinkelnudeln)
1 kleine, frische
Knoblauchzehe
4 Stängel glatte Petersilie
1 reife Avocado
(z. B. Sorte Hass)
1–2 EL Zitronensaft,
frisch gepresst
2 EL Olivenöl
ca. ½ TL getrocknete
Chiliflocken
Parmesan nach Belieben

Zubereitungszeit:
20 Minuten

**TIPP** Das Avocadopüree ist auch ein leckerer Dip zu Nachochips. Damit das Püree sich nicht so schnell verfärbt, einfach den Avocadokern hineinlegen.

# PASTA CAPRESE

**1.** Pinienkerne in einer Pfanne ohne Fett goldbraun rösten und herausnehmen.

**2.** Reichlich Salzwasser für die Nudeln aufsetzen. Nudeln zugeben und nach Packungsanweisung bissfest garen.

**3.** Inzwischen Tomaten waschen und vierteln. Knoblauch abziehen und fein hacken. Basilikum waschen, trockenschütteln, die Blätter von den Stängeln streifen und grob zupfen.

**4.** Tomaten mit Knoblauch, Mozzarella, Essig und Öl mischen. Mit Salz, Pfeffer und Zucker würzen. Nudeln abgießen und sofort mit der Tomatenmischung vermengen. Mit Basilikum und Pinienkernen bestreuen und servieren.

Zutaten für 2 Personen

2 EL Pinienkerne (ersatzweise gehackte Mandeln)
Salz
180 g Rigatoni (oder eine andere kurze Nudelsorte)
500 g bunte Kirschtomaten
1 kleine, frische Knoblauchzehe
3 Stängel Basilikum
150 g kleine Mozzarella-Kugeln
1–2 EL heller Aceto balsamico
4 EL Olivenöl
Pfeffer, frisch gemahlen
1 Prise Zucker

Zubereitungszeit:
25 Minuten

**ZUSATZREZEPT** **Aus diesem Pastagericht lässt sich auch ein leckerer Nudelsalat machen. Dazu die Nudeln abgießen und dabei 100 Milliliter Nudelwasser auffangen. Nudeln kalt abspülen. Kalte Nudeln mit dem Nudelwasser und der Tomatenmischung vermengen und 20 Minuten ziehen lassen. Vor dem Servieren nachwürzen. Für einen intensiveren Geschmack 2 Esslöffel Basilikumpesto untermischen.**

# CAPPELLINI AGLIO OLIO

**1.** Reichlich Salzwasser für die Cappellini aufsetzen.

**2.** Die Tomaten etwas abtropfen lassen und fein würfeln. Knoblauch abziehen und mit der Chilischote fein hacken. Petersilie waschen, trockenschütteln, die Blätter von den Stängeln zupfen und hacken.

**3.** Die Nudeln in das kochende Salzwasser geben und nach Packungsanweisung garen. Gleichzeitig das Öl in einer Pfanne erhitzen und Tomaten, Knoblauch und Chili darin bei mittlerer Hitze 2 Minuten braten.

**4.** Nudeln abgießen und tropfnass in der Pfanne mit der Tomaten-Öl-Mischung und der Petersilie vermengen. Das Gericht mit Salz würzen. Nach Belieben mit fein geriebenem Parmesan bestreuen und servieren.

Zutaten für 2 Personen

Salz
4 getrocknete Tomaten
(in Öl eingelegt)
1 Knoblauchzehe
½–1 getrocknete Chilischote
(Peperoncini)
½ Bund glatte Petersilie
200 g Cappellini
4 EL Olivenöl
Parmesan nach Belieben

Zubereitungszeit:
15 Minuten

**TIPP** Wichtig ist frischer Knoblauch. Am besten sind junge, angenehm duftende Zehen mit einem besonders milden Aroma. Knoblauch grundsätzlich nur bei mittlerer Hitze braten, denn wird er zu heiß, bekommt er einen bitteren Geschmack.

**NOCH SCHNELLER** Getrocknete Tomaten weglassen und die Nudeln mit gehackter Petersilie und 4 Esslöffel Knoblauch-Chili-Öl (siehe Zusatzrezept hier unten) mischen.

**ZUSATZREZEPT** Knoblauch-Chili-Öl auf Vorrat zubereiten: Dafür 150 Milliliter Olivenöl mit 1 gehackten Knoblauchzehe und 1 eingeritzten, getrockneten Chilischote mischen und in eine saubere Flasche mit Schraubverschluss füllen. Dunkel und kühl gelagert hält sich das Öl ca. 4 Wochen.

# MEERESFRÜCHTE-PASTA

**1.** Meeresfrüchte nach Packungsanweisung auftauen lassen. Reichlich Wasser für die Nudeln aufkochen und salzen. Knoblauch abziehen und in feine Scheiben schneiden. Frühlingszwiebeln waschen, putzen und das Weiße und Hellgrüne in feine Ringe schneiden. Chilischote längs halbieren, entkernen und fein schneiden.

**2.** Meeresfrüchte mit Küchenpapier trockentupfen. 1 Esslöffel Öl in einer beschichteten Pfanne erhitzen und die Meeresfrüchte darin bei starker Hitze 2 Minuten anbraten. Herausnehmen.

**3.** Pfanne mit Küchenpapier ausreiben. 3 Esslöffel Öl in der Pfanne erhitzen und Knoblauch, Frühlingszwiebeln und Chili darin bei mittlerer Hitze 2 Minuten braten. Tomatenmark einrühren und kurz mitrösten. Pfanne beiseite stellen.

**4.** Nudeln in das kochende Wasser geben und nach Packungsanweisung garen. Petersilie waschen, trockenschütteln, die Blätter von den Stängeln zupfen und hacken.

**5.** Nudeln abgießen und dabei 150 Milliliter Nudelwasser auffangen. Nudelwasser und Meeresfrüchte in die Pfanne geben und einmal kurz aufkochen. Mit Salz und Zitronensaft würzen. Nudeln und Petersilie untermischen und servieren.

Zutaten für 2 Personen

250 g tiefgefrorene Meeresfrüchte
Salz
1 Knoblauchzehe
2 Frühlingszwiebeln
1 rote Chilischote
4 EL Olivenöl
2 TL Tomatenmark
200 g Spaghetti
4 Stängel glatte Petersilie
1–2 TL Zitronensaft, frisch gepresst

Zubereitungszeit:
25 Minuten

**ALTERNATIVE** Anstelle der Meeresfrüchte können 10 bis 12 geschälte, küchenfertige Garnelen gebraten werden.

# FLEISCHBÄLLCHEN-PASTA

**1.** Reichlich Wasser für die Nudeln aufkochen und salzen. Zwiebel abziehen und fein würfeln. Das Brät aus der Bratwurst mit feuchten Händen zu kleinen Bällchen formen.

**2.** In einer beschichteten Pfanne 1 Esslöffel Öl erhitzen und die Fleischbällchen darin rundherum 5 Minuten anbraten. Herausnehmen. Erneut 1 Esslöffel Öl in die Pfanne geben und die Zwiebel darin bei mittlerer Hitze glasig dünsten. Tomaten zugießen, aufkochen und 5 Minuten kochen.

**3.** In der Zwischenzeit Nudeln in das kochende Salzwasser geben und nach Packungsanweisung garen.

**4.** Bohnen in ein Sieb geben und mit kaltem Wasser abspülen. Bohnen und Fleischbällchen in die Tomatensauce geben und 3 Minuten mitkochen. Mit Salz, Pfeffer und Zucker würzen.

**5.** Basilikum waschen, trockenschütteln, die Blätter von den Stielen zupfen und fein schneiden. Nudeln abgießen und mit der Fleischbällchen-Sauce mischen. Mit Basilikum bestreuen und servieren.

Zutaten für 2 Personen

Salz
1 Zwiebel
1 grobe, ungebrühte
Bratwurst (ca. 150 g)
2 EL Olivenöl
1 Dose stückige Tomaten
(400 g Füllmenge)
1 Dose kleine weiße Bohnen
(250 g Abtropfgewicht)
200 g Muschelnudeln
(ersatzweise Rigatoni)
Pfeffer, frisch gemahlen
½ TL Zucker
4 Stängel Basilikum

Zubereitungszeit:
30 Minuten

**TIPP** Wer einen italienischen Lebensmittelladen in der Nähe hat, kann dieses Rezept mit original italienischer Salsiccia probieren, denn diese Wurst ist mit Fenchelsaat gewürzt. Oder 1 Teelöffel Fenchelsaat grob hacken und unter das Bratwurstbrät mischen.

# SPAGHETTI CARBONARA KLASSISCH

**1.** Reichlich Wasser für die Nudeln aufkochen und salzen. Speck in ½ Zentimeter breite Streifen schneiden. Parmesan fein reiben. In einer Schüssel Eier, Sahne und die Hälfte des Parmesans verquirlen.

**2.** Nudeln in das kochende Salzwasser geben und nach Packungsanweisung garen. Gleichzeitig den Speck in einer beschichteten Pfanne bei mittlerer bis starker Hitze 5 Minuten knusprig braten.

**3.** Nudeln abgießen und in der heißen Pfanne mit dem Speck mischen. Pfanne von der Kochstelle ziehen. Eiersahne zugießen und mit der Speck-Nudel-Mischung mischen. Mit Salz und Pfeffer würzen. Mit dem restlichen Parmesan bestreuen und servieren.

Zutaten für 2 Personen

Salz
100 g durchwachsener Speck
40 g Parmesan
3 Eier
100 g Schlagsahne
Pfeffer, frisch gemahlen
200 g Spaghetti

Zubereitungszeit:
15 Minuten

**ZUSÄTZLICH** Für Gemüsefreunde 200 Gramm grünen, in 1 Zentimeter lange Stücke geschnittenen Spargel oder 150 Gramm tiefgefrorene Erbsen im Nudelwasser 2 bis 3 Minuten mitgaren.

**TIPP** Zu Spaghetti Carbonara schmeckt besonders lecker ein frischer Tomatensalat mit Schnittlauch. Das Rezept dazu befindet sich auf Seite 109.

# TERIYAKI-NUDELN MIT TOFU

**1.** Tofu in 2 Zentimeter große Würfel schneiden. Koriandersaat in einem Mörser grob zerstoßen. Pfefferschote waschen und in feine Ringe schneiden. Knoblauch abziehen und hacken. Koriandersaat, Knoblauch und Pfefferschote in einer Schüssel mit Teriyaki-Sauce mischen. Tofu untermischen und 10 Minuten marinieren.

**2.** In der Zwischenzeit Spargel waschen, das untere Drittel schälen und die Enden abschneiden. Spargel und Maiskolben schräg in 2 Zentimeter lange Stücke schneiden.

**3.** Tofu in ein Sieb geben und die Marinade auffangen. 2 Esslöffel Öl in einer großen Pfanne oder einem Wok erhitzen und den Tofu darin bei starker bis mittlerer Hitze rundherum 5 Minuten anbraten. Herausnehmen. Erneut 1 Esslöffel Öl erhitzen und den Spargel darin bei mittlerer Hitze 4 Minuten braten. Maiskolben dazugeben und 1 Minute mitbraten.

**4.** Nudeln, 200 bis 250 Milliliter Wasser und die Marinade zum Gemüse geben. Alles unter Rühren ca. 3 Minuten kochen, bis die Nudeln die Flüssigkeit aufgenommen haben. Tofu untermischen. Schnittlauch waschen, trockenschütteln und in Röllchen schneiden. Nudeln mit Schnittlauch bestreuen und sofort servieren.

Zutaten für 2 Personen

200 g Tofu
2 TL Koriandersaat
½–1 rote Pfefferschote
1 Knoblauchzehe
7 EL Teriyaki-Sauce
200 g grüner Spargel
6 Mini-Maiskolben (Glas)
3 EL neutrales Öl
150 g breite Wok-Nudeln (Instant)
½ Bund Schnittlauch

Zubereitungszeit:
30 Minuten

**ALTERNATIVE**  Statt Spargel Zuckerschoten und/oder Paprikaschoten verwenden.

**TIPP**  Für etwas Biss das Gericht zum Schluss mit gerösteter Sesamsaat oder Cashewkernen bestreuen.

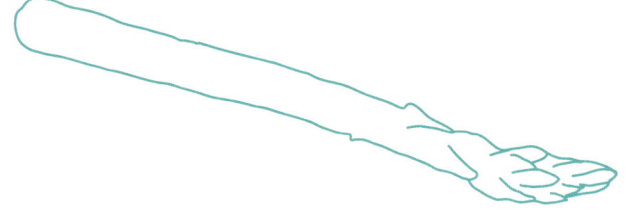

# THAILÄNDISCHE GEMÜSENUDELN

**1.** Reichlich Wasser für die Nudeln aufkochen und salzen. Nudeln zugeben und nach Packungsanweisung bissfest garen. Abgießen und mit kaltem Wasser abspülen.

**2.** Hähnchenbrust waschen, trockentupfen und quer in dünne Scheiben schneiden. Möhren waschen, schälen und schräg in dünne Scheiben schneiden. Knoblauch abziehen und hacken. Chilischote fein würfeln. Frühlingszwiebeln waschen, putzen und das Weiße und Hellgrüne schräg in 1 Zentimeter breite Stücke schneiden. Eier in einer Schüssel verquirlen. Zucker mit Limettensaft, 3 Esslöffel Sojasauce und 2 Esslöffel Wasser verrühren.

**3.** In einer großen Pfanne oder einem Wok 1 Esslöffel Öl erhitzen und das Hähnchenfleisch darin bei mittlerer bis starker Hitze auf jeder Seite 2 Minuten braten. Herausnehmen. Erneut 1 Esslöffel Öl erhitzen und die Möhrenscheiben darin bei mittlerer Hitze 2 Minuten braten. Knoblauch, Chili und Frühlingszwiebeln dazugeben und unter Rühren 2 Minuten mitbraten.

**4.** Nudeln zufügen und 2 Minuten mitbraten. Hähnchenfleisch untermischen. Ei darüber gießen und unter Rühren stocken lassen. Sojasaucenmischung zugießen und aufkochen. Koriandergrün waschen, trockenschütteln und die Blätter mit den zarten Stielen abzupfen. Nudeln mit Koriandergrün bestreuen und sofort servieren.

Zutaten für 2 Personen

100 g asiatische breite Reisnudeln
150 g Hähnchenbrustfilet
150 g Möhren
1 Knoblauchzehe
½–1 rote Chilischote
4 Frühlingszwiebeln
2 Eier
2 TL brauner Zucker
2 EL Limettensaft, frisch gepresst
3–4 EL Sojasauce
2 EL neutrales Öl
6 Stängel Koriandergrün

Zubereitungszeit:
30 Minuten

**ZUSÄTZLICH** Zuckerschoten, Paprika und Brokkoli als zusätzliches Gemüse wählen. Vegetarier reichern das Gericht mit Tofu an.

**ALTERNATIVE** Wer keine Reisnudeln bekommt, nimmt stattdessen Linguine … nicht ganz authentisch, aber auch lecker!

# NUDELN MIT TOMATENSAUCE

**1.** Reichlich Salzwasser für die Nudeln aufsetzen. Zwiebel und Knoblauch abziehen und in feine Würfel schneiden.

**2.** Öl in einem weiten Topf oder einer Pfanne erhitzen. Zwiebel und Knoblauch darin glasig dünsten. Mit Zucker bestreuen und leicht karamellisieren. Tomatenmark einrühren und kurz mitbraten. Tomaten zugeben und die Sauce bei mittlerer Hitze unter gelegentlichem Rühren 5 bis 7 Minuten einkochen.

**3.** Gleichzeitig die Nudeln in das kochende Salzwasser geben und nach Packungsanweisung garen. Basilikum waschen, trockenschütteln, die Blätter von den Stängeln streifen und grob zupfen.

**4.** Tomatensauce mit Salz und Pfeffer würzen. Nudeln abgießen und mit der Sauce und Basilikum mischen. Nach Belieben mit geriebenem Käse bestreuen.

**Grundrezept**
**Zutaten für 2 Personen**

Salz
1 Zwiebel
1 Knoblauchzehe
2 EL Olivenöl
½ TL Zucker
2 TL Tomatenmark
1 Dose stückige Tomaten
(240 g Abtropfgewicht)
200 g Spaghetti
4 Stängel Basilikum
Pfeffer, frisch gemahlen

**Zubereitungszeit:**
**20 Minuten**

# TOMATEN-KAPERN-SAUCE Zubereitungszeit: 25 Minuten

Das Grundrezept für Tomatensauce zubereiten (siehe links Step 2). Zum Schluss **2 EL abgetropfte Kapern** und **2 EL gewaschene und gehackte Petersilie** mit den gekochten Nudeln untermischen. Mit **100 g zerbröseltem Schafskäse** bestreuen.

# TOMATENSAUCE MIT RUCOLA UND PECORINO Zubereitungszeit: 25 Minuten

Das Grundrezept für Tomatensauce zubereiten (siehe links Step 2). Zum Schluss die gekochten Nudeln und **40 g gewaschenen und grob geschnittenen Rucola** untermischen. Mit **50 g geraspeltem Pecorino (italienischer Hartkäse aus Schafsmilch)** bestreuen.

# TOMATENSAUCE ALL'ARRABBIATA Zubereitungszeit: 25 Minuten

Das Grundrezept für Tomatensauce zubereiten (siehe links Step 2). Mit den Zwiebel- und Knoblauchwürfeln **½ rote, gehackte Chilischote** mitdünsten. Zum Schluss **2 EL geviertelte, schwarze Oliven** mit den gekochten Nudeln untermischen.

# HACKFLEISCH-ROTWEIN-SAUCE Zubereitungszeit: 30 Minuten

Das Grundrezept für Tomatensauce zubereiten (siehe links Step 2). Gleichzeitig **250 g gemischtes Hackfleisch** mit **½ EL gehackten Rosmarinnadeln** in einer Pfanne in **1 EL Olivenöl** hellbraun anbraten, salzen und pfeffern. Mit **100 ml Rotwein** ablöschen und fast vollständig einkochen. Hackfleischmischung mit der Tomatensauce vermengen und 5 Minuten kochen. Gekochte Nudeln untermischen und nach Belieben mit **geriebenem Parmesan** bestreuen.

# TOMATENSAUCE MIT AVOCADO Zubereitungszeit: 25 Minuten

Das Grundrezept für Tomatensauce zubereiten (siehe links Step 2). **1 Kugel Mozzarella (125 g)** in kleine Stücke schneiden. **1 reife Avocado** halbieren, den Stein entfernen und das Fruchtfleisch mit einem Esslöffel aus den Hälften lösen. Fruchtfleisch fein würfeln. Tomatensauce mit den gekochten Nudeln mischen. Mit Mozzarella und Avocado bestreuen.

# TOMATENSAUCE MIT SPECK UND BALSAMICO Zubereitungszeit: 30 Minuten

**80 g durchwachsenen Speck** fein würfeln. Speck in einer heißen Pfanne 5 Minuten knusprig braten. Dann **Zwiebel** und **Knoblauch** zugeben und das Grundrezept für Tomatensauce zubereiten (siehe links Step 2). Tomatensauce mit **1–2 EL dunklem Aceto balsamico** würzen. Gekochte Nudeln untermischen und nach Belieben mit **geriebenem Parmesan** bestreuen.

# PENNE MIT ZUCCHINI-GORGONZOLA-SAUCE

**1.** Reichlich Wasser für die Nudeln aufkochen und salzen. Knoblauch abziehen und fein hacken. Zucchini waschen, putzen und in 2 Zentimeter große Stücke schneiden. Thymian waschen, trockenschütteln und die Blättchen abzupfen.

**2.** Milch und Sahne in einem Topf aufkochen. Gorgonzola unter Rühren in der Milch-Sahne-Mischung schmelzen lassen. Die Sauce 5 Minuten bei schwacher bis mittlerer Hitze kochen und mit Salz, Pfeffer und Zitronensaft würzen. Sauce je nach Belieben mit etwas Saucenbinder binden.

**3.** Nudeln in das kochende Salzwasser geben und nach Packungsanweisung garen. Gleichzeitig das Öl in einer Pfanne erhitzen und die Zucchini darin bei starker Hitze 3 Minuten braten. Knoblauch und Thymian dazugeben und bei mittlerer Hitze 2 Minuten mitbraten. Zucchini salzen und pfeffern.

**4.** Nudeln abgießen. Mit Gorgonzolasauce und Zucchinistücken mischen und servieren.

Zutaten für 2 Personen

Salz
1 Knoblauchzehe
180 g Zucchini
5 Stängel Thymian
100 ml Milch
150 g Schlagsahne
70 g cremiger Gorgonzola
Pfeffer, frisch gemahlen
1–2 TL Zitronensaft, frisch gepresst
ca. 1 TL heller Saucenbinder nach Bedarf
200 g Penne
1 EL Olivenöl

Zubereitungszeit:
25 Minuten

**TIPP** Für mehr Frische zum Schluss 30 Gramm geputzte und gewaschene Rauke unterheben. Rauke wird auch unter ihrem italienischen Namen Rucola gehandelt.

**ALTERNATIVE** Zucchini durch Kürbis, Brokkoli oder grünen Spargel ersetzen. Oder 100 Gramm in Streifen geschnittenen Kochschinken untermischen.

**NOCH SCHNELLER** Nur die Gorgonzolasauce zubereiten und mit 250 Gramm gekochten Tortellini (Kühlregal, z. B. Spinat-Ricotta) servieren.

# BLITZ-BOLOGNESE

**1.** Zwiebel und Knoblauch abziehen. Möhren und Sellerie waschen, putzen und schälen. Alles klein würfeln.

**2.** Öl in einem weiten Topf oder einer tiefen Pfanne erhitzen und das Hackfleisch darin bei starker Hitze hellbraun anbraten. Salzen und pfeffern. Zwiebel, Knoblauch, Möhren und Sellerie zufügen und bei mittlerer Hitze 4 Minuten braten. Tomatenmark einrühren und kurz mitbraten. Mit Rotwein ablöschen und fast vollständig einkochen lassen. Tomaten und Oregano zufügen. Sauce mit je 1 Prise Salz, Pfeffer und Zucker würzen und 20 Minuten einkochen.

**3.** Wasser für die Nudeln aufkochen und salzen. 10 Minuten vor Ende der Garzeit der Sauce die Nudeln in das kochende Salzwasser geben und nach Packungsanweisung garen.

**4.** Petersilie waschen, trockenschütteln, die Blätter abzupfen und hacken. Petersilie unter die Bolognese mischen. Sauce mit Salz, Pfeffer und Zucker abschmecken.

**5.** Nudeln abgießen und mit der Sauce servieren. Nach Belieben mit Parmesan bestreuen.

Zutaten für 2 Personen

1 Zwiebel
1 Knoblauchzehe
100 g Möhren
150 g Knollensellerie
2 EL Olivenöl
300 g gemischtes Hackfleisch
Salz
Pfeffer, frisch gemahlen
1 EL Tomatenmark
100 ml Rotwein
1 Dose stückige Tomaten (400 g Füllmenge)
½–1 TL getrockneter Oregano
½ TL Zucker
200 g Nudeln (z. B. Fusilli)
4 Stängel glatte Petersilie
geriebener Parmesan nach Belieben

Zubereitungszeit:
40 Minuten

**ALTERNATIVE** Für Vegetarier statt des Hackfleisches 350 Gramm Champignons fein würfeln und die Bolognese genauso zubereiten wie beschrieben. Wer keine Lust auf so viel Gemüse-Schnippelei hat, verwendet gewürfeltes tiefgefrorenes Suppengrün.

**TIPP** Die doppelte Menge kochen, denn am nächsten Tag schmeckt die Sauce besonders lecker. Reste lassen sich einfrieren oder für eine schnelle Lasagne verwenden.

# BAVETTE MIT KOHLRABIRAHM UND METTKLÖSSCHEN

**1.** Reichlich Salzwasser für die Nudeln aufsetzen. Nudeln zugeben und nach Packungsanweisung bissfest garen.

**2.** In der Zwischenzeit die Zwiebel abziehen und fein würfeln. Kohlrabi waschen, putzen, schälen und in 1 Zentimeter große Würfel schneiden. Thymian waschen, trockenschütteln und die Blättchen von den Zweigen streifen. Mett mit feuchten Händen zu kleinen Bällchen formen.

**3.** Nudeln abgießen und dabei 100 Milliliter Nudelwasser auffangen. Butter in einem Topf zerlassen und die Zwiebel darin glasig dünsten. Kohlrabi und Thymian zugeben und 2 Minuten mitdünsten.

**4.** Sahne und Nudelwasser zum Gemüse gießen und aufkochen. Mettklößchen untermischen und zugedeckt bei mittlerer Hitze 5 bis 7 Minuten garen. Kohlrabirahm mit Salz, Pfeffer und Zitronensaft würzen. Nudeln untermischen und kurz erwärmen.

Zutaten für 2 Personen

Salz
180 g Bavette
1 Zwiebel
1 Kohlrabi (350 g)
3 Zweige Thymian
150 g Schweinemett
2 TL Butter
150 g Schlagsahne
Pfeffer, frisch gemahlen
1–2 TL Zitronensaft, frisch gepresst

Zubereitungszeit:
30 Minuten

**TIPP** Um am nächsten Tag wenig Arbeit zu haben, die angegebene Menge einfach verdoppeln und einen Auflauf daraus machen: Dazu die zweite Hälfte Nudeln, Kohlrabirahm und Mettklößchen mit 100 Milliliter Milch oder Sahne mischen. Alles in eine Auflaufform geben und mit 70 Gramm geraspeltem mittelaltem Gouda bestreuen. Im heißen Backofen bei 200 °C (Umluft 180 °C, Gas Stufe 3–4) auf der mittleren Schiene ca. 20 Minuten goldbraun überbacken. Köstlich!

# PASTA CAPONATA

**1.** Rosinen 10 Minuten in heißem Wasser einweichen. Reichlich Salzwasser für die Nudeln aufsetzen.

**2.** Aubergine waschen, putzen und in 1 Zentimeter große Würfel schneiden. Sellerie waschen, putzen, entfädeln und schräg in Stücke schneiden. Tomaten waschen und halbieren. Schalotten und Knoblauch abziehen. Schalotten in Ringe schneiden. Knoblauch in feine Scheiben schneiden. Rosmarin waschen, trockenschütteln und die Nadeln vom Zweig streifen.

**3.** Mandeln in einer beschichteten Pfanne ohne Fett goldbraun rösten, beiseitestellen. Rosinen über einem Sieb abgießen.

**4.** Nudeln in das kochende Salzwasser geben und nach Packungsanweisung garen.

**5.** In der Zwischenzeit 2 Esslöffel Öl in einer großen Pfanne erhitzen und die Auberginenwürfel darin 5 Minuten braten. 1 Esslöffel Öl, Schalotten, Knoblauch, Sellerie und Rosmarin zugeben und 5 Minuten mitbraten. Mit Salz und Pfeffer würzen. Gemüse mit Zucker bestreuen und kurz braten. Tomaten und Rosinen zum Gemüse geben und kurz mitbraten.

**6.** Nudeln abgießen und dabei 100 Milliliter Nudelwasser auffangen. Nudelwasser zu dem Gemüse geben und aufkochen. Nudeln und 2 Esslöffel Öl untermischen. Das Gericht mit Salz, Pfeffer und Essig abschmecken und mit Mandeln bestreuen. Nach Belieben mit geriebenem Parmesan servieren.

Zutaten für 2 Personen

1 EL Rosinen
Salz
1 kleine Aubergine
150 g Staudensellerie
200 g Kirschtomaten
2 Schalotten
1 Knoblauchzehe
1 Zweig Rosmarin
1 EL Mandelblättchen
180 g Muschelnudeln
(ersatzweise Tortiglioni)
5 EL Olivenöl
Pfeffer, frisch gemahlen
1 TL Zucker
1 EL Aceto balsamico
Parmesan nach Belieben

Zubereitungszeit:
30 Minuten

**TIPP** **Pasta Caponata schmeckt am nächsten Tag auch kalt als Salat und schneller Mittagssnack. Dazu die Nudeln erneut mit Salz, Pfeffer und etwas Essig würzen und frischen Rucola sowie gehobelten Parmesan untermischen.**

# ZWIEBELPIZZA

**1.** Ein Backblech im Backofen bei 240 °C (Umluft nicht empfehlenswert, Gas Stufe 5–6) vorheizen. Zwiebel abziehen, halbieren und in feine Streifen schneiden. Speck in ½ Zentimeter große Würfel schneiden.

**2.** Öl in einer großen Pfanne erhitzen und den Speck darin 5 Minuten knusprig braten. Zwiebel zugeben und bei mittlerer Hitze glasig dünsten. Speck-Zwiebel-Mischung mit Kümmel, 1 Prise Salz und Pfeffer würzen. Käse fein reiben.

**3.** Ein Stück Backpapier auf eine Arbeitsfläche geben, den Pizzateig entrollen und auf das Backpapier legen. Den Teig mit Schmand bestreichen und mit Käse bestreuen. Zwiebel-Speck-Mischung darauf verteilen. Zwiebelpizza mithilfe des Backpapiers auf das heiße Blech ziehen und im unteren Drittel des Backofens 15 bis 20 Minuten goldbraun backen.

Zutaten für 2 Personen

1 große Gemüsezwiebel
100 g durchwachsener Speck
1 EL neutrales Öl
1 TL Kümmelsaat
Salz
Pfeffer, frisch gemahlen
70 g Hartkäse (z. B. Appenzeller oder Bergkäse)
1 Rolle Pizzateig (Kühlregal)
200 g Schmand

Zubereitungszeit:
20 Minuten (plus Backzeit)

**ALTERNATIVE** Für eine zusätzliche Frische und Süße die Pizza außerdem mit einigen Apfelscheiben belegen.

**ZUSATZREZEPT** Wer mehr Zeit hat, kann den Pizzateig ganz einfach selbst machen: Dafür 250 Gramm Mehl, 20 Gramm zerbröselte frische Hefe, 150 Milliliter lauwarmes Wasser, ½ Teelöffel Zucker, ½ Teelöffel Salz und 2 EL Olivenöl erst mit den Knethaken eines Handrührers, dann mit den Händen zu einem glatten Teig verkneten. 30 Minuten zugedeckt an einem warmen Ort gehen lassen. Fertig! Man kann den Teig auch morgens herstellen und bis abends mit Klarsichtfolie bedeckt in den Kühlschrank stellen. Am Abend den Teig herausnehmen und bei Zimmertemperatur 10 bis 20 Minuten gehen lassen.

# GEFÜLLTES FLADENBROT

**1.** Den Backofen auf 200 °C (Umluft nicht empfehlenswert, Gas Stufe 3–4) vorheizen. Ein Backblech mit Backpapier belegen.

**2.** Paprikaschoten waschen, putzen, vierteln und entkernen. Paprikaviertel quer in Streifen schneiden. Zwiebel abziehen und in feine Ringe schneiden. 2 Esslöffel Öl in einer Pfanne erhitzen und Paprika und Zwiebel darin 5 Minuten braten. Mit Salz, Pfeffer und Oregano würzen.

**3.** Tomaten waschen, Stielansätze entfernen, das Fruchtfleisch in dünne Scheiben schneiden. Schafskäse grob zerbröseln.

**4.** Fladenbrot waagerecht halbieren. Die Schnittflächen mit 2 Esslöffel Olivenöl beträufeln. Die untere Brothälfte mit Paprika-Zwiebel-Gemüse, Schafskäse und Tomaten belegen. Mit 1 Prise Salz und Pfeffer würzen und mit der anderen Brothälfte bedecken.

**5.** Gefülltes Fladenbrot auf das mit Backpapier belegte Backblech legen und im heißen Backofen auf der mittleren Schiene 10 bis 15 Minuten knusprig backen.

Zutaten für 2 Personen

2 rote Paprikaschoten
1 Zwiebel
4 EL Olivenöl
Salz
Pfeffer, frisch gemahlen
1 TL getrockneter Oregano
2 Tomaten
100 g Schafskäse
1 kleines Fladenbrot
(ca. 250 g)

Zubereitungszeit:
20 Minuten (plus Backzeit)

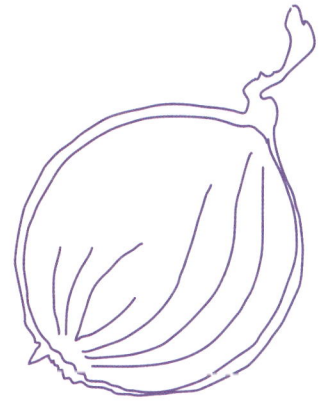

**NOCH SCHNELLER** Wenn es etwas schneller gehen soll, das Fladenbrot mit eingelegter Paprika aus dem Glas und rohen Zwiebelringen belegen.

**ZUSÄTZLICH** Für eine zusätzliche Geschmackskomponente eignen sich grob gehackte grüne oder schwarze Oliven.

# GRUNDREZEPT PIZZA KLASSISCH

**1.** Ein Backblech in den Backofen schieben. Den Backofen auf 240 °C (Umluft nicht zu empfehlen, Gas Stufe 5–6) vorheizen.

**2.** Für die Tomatensauce die Tomaten in ein hohes, schmales Gefäß geben und mit einem Stabmixer kurz pürieren. Mit Oregano, Öl, Salz, Pfeffer und Zucker würzen.

**3.** Mozzarella gut abtropfen lassen, halbieren und in dünne Scheiben schneiden.

**4.** Pizzateig mit dem Backpapier auf einer Arbeitsfläche ausrollen. Mit Tomatensauce bestreichen. Mit Mozzarella belegen.

**5.** Das heiße Backblech aus dem Backofen nehmen. Pizza mithilfe des Backpapiers sofort auf das heiße Backblech ziehen. Pizza im unteren Drittel ca. 20 Minuten backen.

Grundrezept
Zutaten für 2 Personen

200 g stückige Tomaten (Dose)
1 TL getrockneter Oregano
1 EL Olivenöl
Salz
Pfeffer, frisch gemahlen
1 Prise Zucker
1 Kugel Mozzarella (125 g)
1 Rolle Pizzateig (Kühlregal)

Zubereitungszeit:
30 Minuten

**ALTERNATIVE** **Die Pizza kann nach eigenen Wünschen und Vorlieben mit weiteren Zutaten belegt werden, siehe die Beispiele auf der rechten Seite.**

## PIZZA FUNGHI Zubereitungszeit: 35 Minuten

50 g mittelalten Gouda raspeln. 200 g Champignons putzen und in dünne Scheiben schneiden. 1 Zwiebel abziehen, halbieren und in feine Streifen schneiden. Das Grundrezept für Pizza (siehe linke Seite) bis Step 4 zubereiten. Dann die Pizza mit Gouda bestreuen und mit Pilzen und Zwiebeln belegen. Wie im Grundrezept backen und sofort servieren.

## PIZZA SALAMI Zubereitungszeit: 35 Minuten

50 g mittelalten Gouda raspeln. 1 Zwiebel abziehen, halbieren und in feine Streifen schneiden. Das Grundrezept für Pizza (siehe linke Seite) bis Step 4 zubereiten. Dann die Pizza mit Gouda bestreuen und mit Zwiebeln, 80 g Salami (in Scheiben) und 40 g schwarzen Oliven (ohne Stein) belegen. Wie im Grundrezept backen und sofort servieren.

## PIZZA HAWAII Zubereitungszeit: 35 Minuten

50 g mittelalten Gouda raspeln. 150 g Ananasstücke (Dose) in ein Sieb geben und abtropfen lassen. 80 g gekochten Schinken (in Scheiben) in 3 Zentimeter große Stücke schneiden. Das Grundrezept für Pizza (siehe links) bis Step 4 zubereiten. Dann die Pizza mit Gouda bestreuen und mit Ananas und Schinken belegen. Wie im Grundrezept backen und sofort servieren.

**TIPP** Zusätzliche Pizzabeläge können auch folgende Zutaten sein: Artischocken, Blattspinat, Kapern, Peperoni, gegrillte Paprika (Glas), Sardellenfilets, Thunfisch (auf das MSC-Siegel für nachhaltigen Fischfang achten!), Gorgonzola und Ziegenkäse.

## PIZZATEIG

Für selbst gemachten Pizzateig 250 Gramm Mehl mit ½ Teelöffel Salz in einer Schüssel mischen. 20 Gramm zerbröselte frische Hefe und 1 Prise Zucker in 150 Millilitern lauwarmem Wasser durch Rühren auflösen. Hefemischung und 1 Esslöffel Olivenöl zu dem Mehl geben. Erst mit den Knethaken eines Handrührgerätes, dann mit den Händen zu einem glatten Teig verkneten. Zugedeckt 30 Minuten an einem warmen Ort gehen lassen. Teig vor der Weiterverarbeitung kurz durchkneten.

# FLADENBROTPIZZA NAPOLI

**1.** Den Backofen auf 220 °C (Umluft nicht empfehlenswert, Gas Stufe 4–5) vorheizen. Ein Backblech mit Backpapier belegen.

**2.** Knoblauch abziehen und in eine Schüssel pressen. Mit Oregano, Tomatenmark und 3 Esslöffel Öl verrühren. Mit Salz und Pfeffer würzen. Tomaten waschen, Stielansätze entfernen und das Fruchtfleisch in Scheiben schneiden. Mozzarella gut abtropfen lassen, halbieren und in dünne Scheiben schneiden.

**3.** Fladenbrot mit einem großen Sägemesser waagerecht halbieren. Brothälften mit den Schnittflächen nach oben auf das Backblech legen. Brote mit dem Tomatenöl einstreichen. Mit Tomaten- und Mozzarellascheiben belegen und mit 2 Esslöffel Öl beträufeln.

**4.** Im heißen Backofen auf der mittleren Schiene 15 Minuten backen. In der Zwischenzeit Basilikum waschen, trockenschütteln und die Blätter von den Stängeln zupfen.

**5.** Fladenbrotpizza aus dem Backofen nehmen. Salzen, pfeffern, mit Basilikum bestreuen und sofort servieren.

Zutaten für 2 Personen

1 Knoblauchzehe
1 TL getrockneter Oregano
2 TL Tomatenmark
5 EL Olivenöl
Salz
Pfeffer, frisch gemahlen
350 g kleine Strauchtomaten
1 Kugel Mozzarella (125 g)
1 rundes Fladenbrot
(20 cm ø)
3 Stängel Basilikum

Zubereitungszeit:
25 Minuten

**ZUSÄTZLICH** Die Pizza nach dem Backen mit frischer Rauke (Rucola) und Parmesanspänen bestreuen und mit etwas Aceto balsamico beträufeln.

# BIRNE-GORGONZOLA-PIZZA

**1.** Den Backofen auf 240 °C (Umluft nicht empfehlenswert, Gas Stufe 5–6) vorheizen. Ein Backblech in den Backofen schieben. Pizzateig nach Packungsanweisung zubereiten.

**2.** Mozzarella gut abtropfen lassen, halbieren und in dünne Scheiben schneiden. Gorgonzola in 1 Zentimeter große Stücke schneiden. Rosmarin waschen, trockenschütteln und die Nadeln von den Zweigen streifen. Birne waschen, vierteln und entkernen. Birnenviertel längs in dünne Scheiben schneiden. Mit Zitronensaft mischen.

**3.** Teig auf einer bemehlten Arbeitsfläche zu einem dünnen Teigfladen (ca. 35 x 25 Zentimeter) ausrollen und auf Backpapier legen. Mozzarella und Gorgonzola auf dem Teig verteilen. Mit Birnenscheiben belegen. Rosmarin darüber streuen, mit Salz und Pfeffer würzen und mit Öl beträufeln.

**4.** Das heiße Backblech aus dem Backofen nehmen. Pizza mithilfe des Backpapiers sofort auf das heiße Backblech ziehen. Pizza im heißen Backofen im unteren Drittel ca. 20 Minuten backen. Sofort servieren.

Zutaten für 2 Personen

½ Packung Backmischung Pizzateig (240 g)
1 Kugel Mozzarella (125 g)
70 g cremiger Gorgonzola
2 Zweige Rosmarin
1 große mittelreife Birne
2 TL Zitronensaft, frisch gepresst
Salz
Pfeffer, frisch gemahlen
1 EL Olivenöl

Zubereitungszeit:
40 Minuten

**ZUSÄTZLICH** Die Blätter von 1 kleinen, gewaschenen Radicchio in Streifen schneiden und mit 1 Esslöffel frisch gepresstem Zitronensaft, 2 Esslöffel Olivenöl, Salz und Pfeffer mischen. Birne-Gorgonzola-Pizza nach dem Backen mit dem Radicchio-Salat bestreuen und sofort servieren.

**TIPP** Die Birne-Gorgonzola-Pizza kann auch mit fertigem Pizzateig aus dem Kühlregal zubereitet werden. Oder mit dem selbst gemachten Pizzateig von Seite 148.

# ZUCCHINIPIZZA

**1.** Den Backofen auf 220 °C (Umluft nicht empfehlenswert, Gas Stufe 4–5) vorheizen. Ein Backblech mit Backpapier belegen. Pizzateig nach Packungsanweisung zubereiten.

**2.** Knoblauch abziehen und durch eine Knoblauchpresse drücken. Zwiebeln abziehen und in feine Ringe schneiden oder hobeln. Zucchini waschen, putzen und in feine Scheiben schneiden oder hobeln. Thymian waschen, trockenschütteln und die Blättchen von den Stängeln streifen. Käse raspeln.

**3.** Butter und Öl in einem Topf erhitzen und Knoblauch und Thymian darin bei mittlerer Hitze 2 Minuten dünsten. Mit Salz und Pfeffer würzen. Zucchini und Zwiebeln in einer Schüssel mit der Thymian-Butter-Mischung vermengen.

**4.** Teig auf einer bemehlten Arbeitsfläche zu einem ½ Zentimeter dicken Fladen ausrollen. Teigfladen auf das Backblech legen. Mit der Hälfte des Käses bestreuen. Zucchinimischung auf dem Teig verteilen und mit dem restlichen Käse bestreuen. Im heißen Backofen auf der mittleren Schiene ca. 20 Minuten backen und sofort servieren.

Zutaten für 2 Personen

½ Packung Backmischung Pizzateig (240 g)
1 Knoblauchzehe
2 rote Zwiebeln
200 g Zucchini
4 Stängel Thymian (ersatzweise 2 TL getrockneter Thymian)
50 g Bergkäse
2 EL Butter
3 EL Olivenöl

Zubereitungszeit:
40 Minuten

**NOCH SCHNELLER** Statt Knoblauch, Thymian, Butter und Olivenöl einfach 50 Gramm Kräuterbutter aus dem Kühlregal schmelzen und mit Zucchini und Zwiebeln mischen. Dann die Zucchinipizza wie beschrieben zubereiten.

**TIPP** Die Zucchinipizza kann auch mit fertigem Pizzateig aus dem Kühlregal zubereitet werden. Oder mit dem selbst gemachten Pizzateig von Seite 148.

# MINI-PILZ-PIZZA

**1.** Ein Backblech im Backofen bei 240 °C (Umluft nicht empfehlenswert, Gas Stufe 5–6) vorheizen. Pizzateig nach Packungsanweisung zubereiten und zugedeckt an einem warmen Ort gehen lassen.

**2.** Mozzarella halbieren und in Scheiben schneiden. Champignons putzen und in sehr dünne Scheiben schneiden. Thymian waschen, trockenschütteln und die Blättchen von den Zweigen zupfen.

**3.** Pizzateig vierteln und auf einer bemehlten Arbeitsfläche zu ½ Zentimeter dicken Fladen ausrollen. Die Teigfladen auf einen Bogen Backpapier legen. Mit Mozzarella, Pilzen und Thymian belegen. Mit Pfeffer würzen und mit 2 Esslöffel Olivenöl beträufeln.

**4.** Pilzpizzen mithilfe des Backpapiers auf das heiße Blech ziehen und im unteren Ofendrittel 15 bis 20 Minuten goldbraun backen. Nach dem Backen mit Meersalz würzen und mit dem restlichen Olivenöl beträufeln.

Zutaten für 2 Personen

½ Packung Pizzateig (240 g)
1 Kugel Mozzarella (125 g)
200 g weiße Champignons
6 Zweige Thymian
Mehl für die Arbeitsfläche
Pfeffer, frisch gemahlen
4 EL Olivenöl
grobes Meersalz

Zubereitungszeit:
20 Minuten (plus Backzeit)

**ALTERNATIVE** Die Minipizzen können auch anders belegt werden, etwa vor dem Backen mit cremigem Gorgonzola und hauchdünnen Zucchinischeiben oder nach dem Backen mit Parmaschinken oder Parmesan. Für die klassische Pizza Napoli gibt man vor dem Backen Pizzatomaten und Büffelmozzarella auf den Teig und bestreut die gebackene Pizza mit frischem Basilikum. Veredelt werden alle Pizzen, indem sie nach dem Backen mit Olivenöl beträufelt und mit grobem Meersalz und Pfeffer gewürzt werden – köstlich!

**INFO** Wer Zeit und Lust hat, bereitet den Pizzateig nach dem Zusatzrezept von Seite 148 frisch zu.

# TÜRKISCHE PIZZA

**1.** Den Backofen auf 200 °C (Umluft nicht empfehlenswert, Gas Stufe 3–4) vorheizen. Ein Backblech mit Backpapier belegen.

**2.** Zwiebel und Knoblauch abziehen und fein würfeln. Gurke waschen, schälen und in kleine Würfel schneiden. Petersilie waschen, trockenschütteln, die Blätter von den Stängeln zupfen und grob hacken. Gurke mit Petersilie, Zitronensaft, 1 Esslöffel Öl und 1 Prise Salz mischen.

**3.** Hackfleisch mit Zwiebel, Knoblauch, 1 Esslöffel Öl und Tomatenmark mischen. Mit Salz und Chiliflocken würzen.

**4.** Auf das Backblech 2 Fladenbrote nebeneinander auflegen. Jeweils 1 Fladenbrot mit einem Viertel der Hackmasse gleichmäßig dünn bestreichen. Fladenbrote im heißen Back- ofen im oberen Drittel 8 bis 10 Minuten backen. Die rest- lichen 2 Fladenbrote ebenso zubereiten und backen.

**5.** Türkische Pizza mit der Gurken-Petersilien-Mischung bestreuen und mit Joghurt servieren. Nach Belieben mit Chiliflocken nachwürzen.

Zutaten für 2 Personen

1 kleine Zwiebel
1 Knoblauchzehe
½ Salatgurke (250 g)
½ Bund glatte Petersilie
2–3 EL Zitronensaft, frisch gepresst
2 EL Olivenöl
Salz
150 g Rinderhack
2 EL Tomatenmark
getrocknete Chiliflocken
4 Fladen dünnes Fladenbrot (ø ca. 20 cm, ersatzweise Weizentortillas)
150 g griechischer Sahnejoghurt (10 % Fett)

Zubereitungszeit:
30 Minuten

**ALTERNATIVE** Für einen besonderen Geschmack das Hackfleisch zusätzlich mit 1 Prise gemahlenem Kreuzkümmel würzen und anstelle der Peter- silie frische Minze verwenden.

# GRUNDREZEPT RISOTTO

**1.** Brühe aufkochen und bei schwacher Hitze warm halten. Zwiebel und Knoblauch abziehen und fein würfeln.

**2.** In einem Topf 1 Esslöffel Öl erhitzen und Zwiebel und Knoblauch darin 2 Minuten dünsten. Reis zufügen und unter Rühren kurz mitdünsten. Mit Wein ablöschen und unter Rühren fast vollständig einkochen lassen. Eine Kelle heiße Brühe in den Topf gießen und bei mittlerer Hitze unter gelegentlichem Rühren einkochen, bis der Reis die Flüssigkeit aufgenommen hat. Diesen Vorgang mit der restlichen Brühe wiederholen, sodass der Risotto 20 Minuten kocht. Die Reiskörner sollten noch einen leichten Biss haben.

**3.** Parmesan und Butter unter den Risotto mischen. Mit Salz und Pfeffer würzen. Risotto lässt sich vielseitig bereichern, siehe die Varianten auf der rechten Seite.

Zutaten für 2 Personen

500–600 ml Gemüsebrühe
1 Zwiebel
1 Knoblauchzehe
2 EL Olivenöl
150 g Risottoreis
50 ml Weißwein
40 g Parmesan, frisch
gerieben
1 EL Butter
Salz
Pfeffer, frisch gemahlen

Zubereitungszeit:
30 Minuten

# RADICCHIO-RISOTTO Zubereitungszeit: 40 Minuten

Risotto wie im Grundrezept links zubereiten. Gleichzeitig **200 g Radicchio** putzen, mit warmem Wasser waschen (dann ist er nicht so bitter!), etwas trockenschleudern und in 2 cm breite Streifen schneiden. **1 EL Olivenöl** in einer Pfanne erhitzen und den Radicchio darin 3 Minuten braten. Mit **Salz, Pfeffer, 1 Prise Zucker** und **2 TL Zitronensaft** würzen. **50 g Gorgonzola** würfeln. Radicchio, Gorgonzola und **2 EL glatte, gehackte Petersilie** unter den Risotto mischen.

# KÜRBIS-RISOTTO Zubereitungszeit: 40 Minuten

Risotto wie im Grundrezept links zubereiten. Gleichzeitig **400 g Hokkaido-Kürbis** putzen, halbieren, entkernen und mit Schale in 1 Zentimeter große Würfel schneiden. Die Hälfte des Kürbisses nach 10 Minuten in den Risotto geben und mitgaren. **1 EL Olivenöl** in einer Pfanne erhitzen und den restlichen Kürbis darin 5 bis 7 Minuten braten. Mit **Salz, Pfeffer, 1 Prise Zucker** und **1 TL Zitronensaft** würzen. **3 Stängel Oregano** waschen, trockenschütteln und die Blätter abzupfen. Oregano in der Pfanne mit dem Kürbis mischen. Risotto mit den gebratenen Kürbiswürfeln bestreuen.

# TOMATEN-BASILIKUM-RISOTTO Zubereitungszeit: 40 Minuten

Risotto wie im Grundrezept zubereiten und dabei mit der Zwiebel und dem Knoblauch **1 TL Tomatenmark** mitdünsten. Gleichzeitig **250 g Kirschtomaten** vierteln. **1 Kugel Mozzarella (125 g)** würfeln. **3 Stängel Basilikum** waschen, trockenschütteln, die Blätter von den Stängeln streifen und fein schneiden. Tomaten und die Hälfte des Basilikums 5 Minuten vor Ende der Garzeit unter den Risotto mischen und mitgaren. Mozzarella und das restliche Basilikum untermischen.

# PILZ-RISOTTO Zubereitungszeit: 40 Minuten

**20 g getrocknete Steinpilze** in **100 ml kochendem Wasser** 10 Minuten einweichen. **4 Stängel Thymian** waschen und die Blättchen von den Stängeln zupfen. **200 g Kräuterseitlige** (ersatzweise Champignons) putzen und je nach Größe halbieren oder vierteln. Eingeweichte Steinpilze in ein Sieb geben, das Einweichwasser auffangen, die Pilze ausdrücken und hacken. Risotto wie im Grundrezept links zubereiten und die Pilze mit Zwiebel und Knoblauch mitdünsten. Pilzeinweichwasser mit dem Wein dazugeben. Reis in 20 Minuten bissfest kochen. **1 EL Olivenöl** in einer beschichteten Pfanne erhitzen und Kräuterseitlinge und Thymian darin bei starker Hitze 5 Minuten braten. Salzen, pfeffern und unter den Risotto mischen.

**TIPP** **Alle Risotti wie im Grundrezept mit Parmesan, Butter, Salz und Pfeffer vollenden. Wer mag, reicht zum Pilz-Risotto eine Petersilien-Gremolata. Dafür 3 Esslöffel gehackte, glatte Petersilie mit 1 gehackten Knoblauchzehe, 1 Teelöffel getrockneten Chiliflocken und 1 Teelöffel abgeriebener Schale von Biozitronen mischen.**

# GEBRATENER REIS MIT GARNELEN

**1.** Reis in kochendem Salzwasser nach Packungsanweisung garen. 2 Minuten vor Ende der Garzeit Erbsen unterrühren und mitgaren.

**2.** In der Zwischenzeit Ingwer schälen, Knoblauch abziehen und beides fein würfeln. Chilischote längs halbieren, entkernen und hacken. Garnelen waschen und trockentupfen. Koriander waschen, trockenschütteln und die Blätter mit den feinen Stängeln grob hacken.

**3.** In einer großen Pfanne 2 Esslöffel Öl erhitzen. Garnelen zugeben und bei starker Hitze 3 Minuten braten. Garnelen mit 1 Prise Salz würzen und herausnehmen. Erneut 1 Esslöffel Öl erhitzen und Ingwer, Knoblauch und Chili darin bei mittlerer Hitze 2 Minuten braten.

**4.** Reis und Erbsen abgießen, gut abtropfen lassen, in die Pfanne geben und 3 Minuten mitbraten. Mit Currypulver bestäuben und kurz rösten. Garnelen untermischen und erwärmen. Reis mit Sojasauce und Limettensaft würzen. Mit Koriander bestreuen und servieren.

Zutaten für 2 Personen

120 g Basmatireis
Salz
200 g tiefgefrorene Erbsen
20 g frischer Ingwer
1 Knoblauchzehe
½–1 rote Chilischote
8 Garnelen (à 25 g, geschält, küchenfertig)
½ Bund Koriandergrün
4 EL neutrales Öl
1 TL mildes Currypulver
2–3 EL Sojasauce
1–2 EL Limettensaft, frisch gepresst

Zubereitungszeit:
35 Minuten

**NOCH SCHNELLER** Schneller lässt sich dieses Gericht aus gekochtem Reis vom Vortag zubereiten.

**ALTERNATIVE** Die Erbsen können durch Zuckerschoten, Zucchini, Möhren, Brokkoli – und was der Kühlschrank noch so bietet – ersetzt oder ergänzt werden. Für eine Extraportion Schärfe den Reis mit Sweet Chilisauce aus einem Asialaden servieren.

# ZITRONENRISOTTO

**1.** Zwiebel und Knoblauch abziehen und fein würfeln. Parmesan fein reiben. Brühe aufkochen und bei schwacher Hitze warm halten.

**2.** Öl und Butter in einem Topf erhitzen und Zwiebel und Knoblauch darin glasig dünsten. Reis zugeben und unter Rühren kurz mitdünsten. Mit Wermut ablöschen und fast vollständig einkochen.

**3.** Eine Kelle heiße Brühe zugießen und bei mittlerer Hitze unter gelegentlichem Rühren einkochen, bis der Reis die Flüssigkeit aufgenommen hat. Diesen Vorgang mit der restlichen Brühe wiederholen, sodass der Risotto 20 Minuten kocht. Die Reiskörner sollen noch einen leichten Biss haben.

**4.** Zitrone waschen und 1 Teelöffel Schale fein abreiben. Zitrone halbieren und 1 bis 2 Esslöffel Saft auspressen. Basilikum waschen, trockenschütteln, die Blätter von den Stängeln streifen und grob zupfen. Parmesan und Mascarpone unter den Risotto rühren. Mit Salz, Pfeffer, Zitronenschale und Zitronensaft würzen. Mit Basilikum bestreuen und servieren.

Zutaten für 2 Personen

1 Zwiebel
1 Knoblauchzehe
40 g Parmesan
500–600 ml Geflügel-
oder Gemüsebrühe
1 EL Olivenöl
½ EL Butter
150 g Risottoreis
50 ml Wermut (ersatzweise
Weißwein)
1 Biozitrone
3 Stängel Basilikum
2 EL Mascarpone (ersatz-
weise Crème fraîche)
Salz
Pfeffer, frisch gemahlen

Zubereitungszeit:
35 Minuten

**ZUSÄTZLICH** Für den Extraknusper den Risotto mit pikanten Bröseln servieren. Dafür ½ altbackenes Brötchen hacken und die Brösel in einer Pfanne in 1 Esslöffel zerlassener Butter goldbraun rösten. Mit ½ Teelöffel getrockneten Chiliflocken und 1 Prise Salz würzen und über den Risotto streuen.

# ERBSENRISOTTO MIT MORTADELLA

**1.** Zwiebel und Knoblauch abziehen und fein würfeln. Parmesan fein reiben. Mortadellascheiben halbieren, quer in 1 Zentimeter breite Streifen schneiden und abgedeckt beiseitestellen. Brühe aufkochen und bei schwacher Hitze warm halten.

**2.** Öl in einem Topf erhitzen und Zwiebel und Knoblauch darin glasig dünsten. Reis zugeben und unter Rühren kurz mitdünsten. Mit Wermut ablöschen und fast vollständig einkochen lassen.

**3.** Eine Kelle heiße Brühe in den Topf gießen und bei mittlerer Hitze unter gelegentlichem Rühren einkochen, bis der Reis die Flüssigkeit aufgenommen hat. Diesen Vorgang mit der restlichen Brühe wiederholen, sodass der Risotto 20 Minuten kocht. Die Reiskörner sollen noch einen leichten Biss haben. 8 Minuten vor Ende der Garzeit die Erbsen zugeben und mitgaren.

**4.** Parmesan und Butter unter den Risotto rühren. Mit Salz und Pfeffer würzen. Erbsenrisotto vor dem Servieren mit Mortadella bestreuen.

Zutaten für 2 Personen

1 Zwiebel
1 Knoblauchzehe
40 g Parmesan
80 g italienische Mortadella in Scheiben (ersatzweise Fleischwurst)
500–600 ml Geflügelbrühe
1 EL Olivenöl
150 g Risottoreis
50 ml Wermut (ersatzweise Weißwein)
200 g tiefgefrorene Erbsen
1 EL Butter
Salz
Pfeffer, frisch gemahlen

Zubereitungszeit:
35 Minuten

**ALTERNATIVE** Wer es geschmacklich noch etwas kräftiger mag, kann anstelle der italienischen Mortadella 80 Gramm Speckwürfel in einer Pfanne ohne Fett knusprig braten, auf Küchenpapier abtropfen lassen und zum Schluss über den Risotto streuen.

# FLEISCH & FISCH

# TERIYAKI-HONIG-LACHS

**1.** Chilischote fein hacken. In einer Auflaufform 2 Esslöffel Öl mit 2 Esslöffel Limettensaft, Honig, Teriyaki-Sauce und Chili verrühren. Lachsfilet waschen und trockentupfen. In der Marinade wenden und 10 Minuten marinieren.

**2.** In der Zwischenzeit die Gurke waschen, streifig schälen und quer halbieren. Das Fruchtfleisch mit einem Sparschäler der Länge nach rund um das weiche Innere in lange dünne Scheiben schneiden. Das weiche Innere wegwerfen.

**3.** Für das Dressing 2 Esslöffel Limettensaft, 2 Esslöffel Wasser, Zucker, Sojasauce und 2 Esslöffel Öl verrühren. Minze waschen, trockenschütteln, Blätter von den Stängeln zupfen und grob schneiden. Außerdem Sesam in einer Pfanne ohne Fett rösten.

**4.** Eine beschichtete Pfanne erhitzen. Lachs aus der Marinade nehmen, abtropfen lassen und in der Pfanne bei mittlerer bis starker Hitze auf jeder Seite 3 Minuten braten. Mit der restlichen Marinade ablöschen und einmal aufkochen.

**5.** Die Gurkenscheiben mit dem Dressing mischen und mit Minze und Sesam bestreuen. Teriyaki-Honig-Lachs sofort mit dem Gurkensalat servieren.

Zutaten für 2 Personen

½–1 TL rote Chilischote
4 EL neutrales Öl
4 EL Limettensaft, frisch gepresst
2 TL flüssiger Honig
3 EL Teriyaki-Sauce
2 Lachsfilets ohne Haut (à 180 g)
1 Salatgurke
1 TL Zucker
1 EL Sojasauce
2 Stängel Minze
2 EL Sesamsaat

Zubereitungszeit:
30 Minuten

**TIPP** Dazu passt Reis.

**ALTERNATIVE** Der Lachs kann auch im Backofen gegart werden. Dafür ein Backblech im Backofen bei 220 °C (Umluft nicht empfehlenswert, Gas Stufe 3–4) vorheizen. Den marinierten Lachs auf ein heißes Backblech legen und im unteren Backofendrittel 10 Minuten garen.

# FISCH À LA BORDELAISE

**1.** Den Backofen auf 100 °C vorheizen. Brötchen in Scheiben schneiden und auf der mittleren Schiene 10 Minuten trocknen. Herausnehmen. In grobe Brösel hacken oder brechen.

**2.** Den Backofen auf 200 °C (Umluft nicht empfehlenswert, Gas Stufe 3–4) hochheizen. Zwiebel und Knoblauch abziehen und fein würfeln. Zitrone waschen, trockentupfen und 1 Teelöffel Schale fein abreiben. 1 Esslöffel Butter in einem Topf schmelzen und Zwiebel und Knoblauch darin bei mittlerer Hitze 2 Minuten dünsten. Brotbrösel, ½ Teelöffel Estragon und Zitronenschale untermischen. Mit Salz und Pfeffer würzen. Die Bröselmischung auf einen Teller geben.

**3.** In dem gleichen Topf Weißwein und Sahne mit ½ Teelöffel Estragon aufkochen. Mit Salz und Pfeffer würzen. Fisch waschen, trockentupfen und die Filets quer halbieren.

**4.** Zwei kleine Auflaufformen (15 x 12 Zentimeter, ersatzweise eine große Form 30 x 20 Zentimeter) mit der restlichen Butter ausfetten. Sauce hineingießen. Fisch leicht salzen und pfeffern, in die Sauce legen und die Estragonbrösel darauf verteilen. Im Backofen 15 bis 20 Minuten garen.

Zutaten für 2 Personen

50 g Brötchen oder Baguette (vom Vortag)
1 kleine Zwiebel
1 Knoblauchzehe
1 Biozitrone
1½ EL Butter
1 TL getrockneter Estragon
Salz
Pfeffer, frisch gemahlen
50 ml Weißwein
150 g Schlagsahne
2 Seelachsfilets (à 170 g)

Zubereitungszeit:
35 Minuten

**NOCH SCHNELLER** Das Brötchen am Vortag in Scheiben schneiden und an der Luft trocknen lassen. Am nächsten Tag zerkleinern und verwenden.

**ALTERNATIVE** Für die Bröselkruste getrockneten Thymian oder Kräuter der Provence verwenden. Oder auch 1 Teelöffel Tomatenmark einrühren.

## PETERSILIEN-BOHNEN

300 Gramm grüne, tiefgekühlte Bohnen in Salzwasser 2 Minuten kochen. 3 Stängel Petersilie hacken. Bohnen und Petersilie in 1 Esslöffel Butter schwenken, salzen und pfeffern.

# FISCH CAPRESE

**1.** Den Backofen auf 200 °C (Umluft 180 °C, Gas Stufe 3–4) vorheizen. Tomaten waschen und halbieren. Mozzarella in grobe Stücke zupfen. Knoblauch abziehen, durch eine Knoblauchpresse drücken und in einer Schüssel mit Öl und getrocknetem Basilikum mischen. Fischfilet waschen, trockentupfen und in 4 gleich große Stücke schneiden.

**2.** Eine Auflaufform (ca. 25 x 20 Zentimeter) mit 1 Esslöffel des Würzöls fetten. Fischstücke von beiden Seiten mit Salz und Pfeffer würzen und in die Form legen. Tomaten und Mozzarella auf und um die Fischstücke verteilen. Mit etwas Salz und Pfeffer würzen. Das restliche Würzöl darüber träufeln.

**3.** Fisch im heißen Backofen auf der mittleren Schiene 15 bis 20 Minuten garen.

**4.** In der Zwischenzeit Basilikum waschen, trockenschütteln und die Blätter von den Stängeln zupfen. Fisch Caprese mit Basilikum bestreuen und servieren.

Zutaten für 2 Personen

200 g Kirschtomaten
1 Kugel Mozzarella (125 g)
1 Knoblauchzehe
3 EL Olivenöl
½ TL getrocknetes Basilikum
320 g Seelachsfilet (küchenfertig, ohne Haut)
Salz
Pfeffer, frisch gemahlen
3 Stängel Basilikum

Zubereitungszeit:
30 Minuten

**TIPPS** Als Beilage passt Baguette dazu.

In gut sortierten Supermärkten gibt es häufig bunte Kirschtomaten. Dieses Rezept sieht mit ihnen besonders schön aus – das begeistert auch Gäste!

**ZUSÄTZLICH** 1 Esslöffel abgetropfte Kapern über den Fisch streuen und mitgaren.

# DORADENFILETS MIT FENCHELSALAT

**1.** Den Backofen auf 220 °C (Umluft 200 °C, Gas Stufe 4–5) vorheizen. Brot in dünne Scheiben schneiden, auf einen Rost legen und im heißen Backofen auf der mittleren Schiene 2 bis 3 Minuten hellbraun rösten.

**2.** Zitronensaft mit 3 Esslöffel Wasser, Salz, Pfeffer und Zucker verrühren. 4 Esslöffel Öl nach und nach unterrühren.

**3.** Fenchel waschen, putzen und das zarte Grün beiseitelegen. Fenchel längs halbieren, den Strunk keilförmig herausschneiden und die Knolle fein hobeln. Römersalat putzen, waschen, trockenschleudern und die Salatblätter in 2 Zentimeter breite Streifen schneiden. Geröstetes Brot, Fenchel und Römersalat mit dem Zitronendressing mischen und kurz ziehen lassen.

**4.** Von den Fischfilets die dünnen Bauchlappen abschneiden. Fischhaut mit einem scharfen Messer mehrmals schräg einschneiden, ohne das Fischfleisch zu verletzen. Fischfilets mit Salz und Pfeffer würzen. 2 Esslöffel Öl in einer beschichteten Pfanne erhitzen und die Fischfilets zuerst auf der Hautseite bei starker Hitze 2 Minuten braten. Vorsichtig wenden und bei mittlerer Hitze auf der Fleischseite 2 Minuten braten.

**5.** Den Salat mit Salz, Pfeffer und 1 Prise Zucker abschmecken. Salat mit Doradenfilets anrichten, mit Fenchelgrün bestreuen und servieren.

Zutaten für 2 Personen

50 g Ciabatta (ersatzweise Baguette oder Weizenbrötchen)
3 EL Zitronensaft, frisch gepresst
Salz
Pfeffer, frisch gemahlen
½ TL Zucker
6 EL Olivenöl
250 g Fenchelknolle (mit Grün)
200 g Römersalatherzen
4 Doradenfilets (küchenfertig, mit Haut, à ca. 80 g)

Zubereitungszeit:
30 Minuten

**TIPP** Wenn sich die Doradenfilets in der Pfanne beim Braten wölben, vorsichtig mit einem Pfannenwender herunterdrücken.

**ALTERNATIVE** Anstelle der Doradenfilets Lachs, Garnelen oder Lammkoteletts braten. Der Salat ist auch eine frische, knackige Beilage in der Grillsaison.

# GEBRATENES ZANDERFILET MIT SPECKBOHNEN

**1.** Für die Bohnen in einem Topf 1 Liter Salzwasser aufsetzen. Speck in ½ Zentimeter große Würfel schneiden. Zwiebel abziehen und fein würfeln. Petersilie waschen, trockenschütteln, die Blätter von den Stängeln zupfen und fein hacken.

**2.** In einer Pfanne 1 Esslöffel Öl erhitzen und den Speck darin knusprig braten. Zwiebel zugeben und 3 Minuten mitbraten. ½ Esslöffel Butter zugeben und schmelzen.

**3.** Bohnen im Salzwasser 2 bis 3 Minuten kochen und abgießen. Bohnen und Petersilie unter die Speck-Zwiebel-Mischung mengen. Salzen und pfeffern. Speckbohnen warm halten.

**4.** Zanderfilets waschen, trockentupfen und die Haut mehrmals mit einem scharfen Messer schräg einschneiden. 1 Esslöffel Öl und ½ Esslöffel Butter in einer beschichteten Pfanne erhitzen. Fischfilets mit Salz und Pfeffer würzen. Erst auf der Fleischseite 2 Minuten braten, dann wenden und auf der Hautseite bei mittlerer Hitze 5 Minuten braten. Zanderfilets mit den Speckbohnen servieren.

Zutaten für 2 Personen

Salz
80 g durchwachsener Speck
1 Zwiebel
½ Bund glatte Petersilie
2 EL neutrales Öl
1 EL Butter
150 g tiefgekühlte grüne Bohnen
Pfeffer, frisch gemahlen
2 Zanderfilets (küchenfertig, mit Haut, à 150 g)

Zubereitungszeit:
25 Minuten

**ZUSÄTZLICH** Dazu passen Pellkartoffeln (siehe Grundrezept auf Seite 113).

**ALTERNATIVE** Wenn es schneller gehen soll, die Speckbohnen zu Matjesfilets (gesalzene, milde Heringe) servieren. Wer mehr Zeit hat, kocht frische grüne Buschbohnen. Dafür die Bohnen waschen, putzen und in kochendem Salzwasser 8 bis 12 Minuten garen. Gekochte Bohnen lassen sich sehr gut einfrieren. Dafür die abgegossenen Bohnen mit kaltem Wasser abschrecken, gut abtropfen lassen und in einen Gefrierbeutel geben.

# LACHS MIT SESAMSPARGEL

**1.** Den Backofen auf 100 °C (Umluft nicht empfehlenswert, Gas Stufe 1) vorheizen. Spargel waschen, im unteren Drittel schälen und die Enden abschneiden. Spargelstangen längs und quer halbieren. Lachsfilet waschen und trockentupfen. Basilikum waschen, trockenschütteln, die Blätter von den Stängeln streifen und grob zupfen.

**2.** In einer beschichteten Pfanne 1 Esslöffel Öl mit ½ Esslöffel Butter erhitzen. Spargel darin bei mittlerer Hitze rundherum 5 bis 7 Minuten bissfest braten. Spargel mit Zucker bestreuen und leicht karamellisieren. Mit Salz, Pfeffer und Zitronensaft würzen. Sesam zugeben und den Spargel darin wenden. Spargel auf einen Teller geben, im Backofen warm halten.

**3.** Lachs beidseitig mit Salz und Pfeffer würzen. Die Pfanne mit einem Küchenpapier auswischen. Erneut 1 Esslöffel Öl mit ½ Esslöffel Butter in der Pfanne erhitzen. Lachs darin bei mittlerer bis starker Hitze auf jeder Seite 3 Minuten braten. Lachs mit dem Sesamspargel anrichten und mit Basilikum bestreuen.

Zutaten für 2 Personen

500 g grüner Spargel
2 Lachsfilets (à 180 g)
3 Stängel Basilikum
2 EL Olivenöl
1 EL Butter
1 TL Zucker
Salz
Pfeffer, frisch gemahlen
1–2 EL Zitronensaft, frisch gepresst
2 EL Sesamsaat

Zubereitungszeit:
25 Minuten

**ZUSÄTZLICH** Ein schlichtes, knuspriges Baguette ist ein passender Begleiter.

**ZUSATZREZEPT** Eine feine Blitz-Aioli rundet alles ab: Dafür 1 besonders frisches Ei, 1 abgezogene, gehackte Knoblauchzehe und 125 Milliliter neutrales Öl in ein schmales, hohes Gefäß geben. Einen Stabmixer auf den Boden des Gefäßes setzen und während des Verquirlens langsam hochziehen. 3 Esslöffel Olivenöl unterrühren. Mit Salz, rosenscharfem Paprikapulver und einigen Spritzern Zitronensaft würzen.

# ROSMARINDORADE MIT GETROCKNETEN TOMATEN

**1.** Den Backofen auf 225 °C (Umluft nicht empfehlenswert, Gas Stufe 5) vorheizen. Ein Backblech mit Backpapier auslegen.

**2.** Rosmarin waschen, trockenschütteln, die Nadeln von den Zweigen streifen und fein hacken. Getrocknete Tomaten fein würfeln. Knoblauch abziehen und fein hacken. Rosmarin, Tomaten und Knoblauch mischen und mit Pfeffer würzen.

**3.** Doraden von innen und außen waschen, trockentupfen und mit je 1 Esslöffel Öl einreiben. Doraden von innen und außen mit Salz und Pfeffer würzen. Jeweils die Hälfte der Rosmarin-Tomaten-Mischung in die Bauchhöhle der Fische geben.

**4.** Doraden auf das mit Backpapier belegte Backblech legen. Im heißen Backofen auf der mittleren Schiene ca. 20 Minuten garen. Wenn sich die Rückenflosse leicht aus den Fischen ziehen lässt, sind die Doraden gar.

Zutaten für 2 Personen

2 Zweige Rosmarin
6 getrocknete Tomaten
(in Öl eingelegt)
1 Knoblauchzehe
Pfeffer, frisch gemahlen
2 ganze Doraden
(küchenfertig, à 400 g)
2 EL Olivenöl
Salz

Zubereitungszeit:
30 Minuten

**ZUSÄTZLICH** Dazu passen ein frischer grüner Salat und Weißbrot.

**NOCH SCHNELLER** Noch schneller geht es, wenn man die Doraden einfach mit je 1 Esslöffel Tomatenpesto (fertig gekauft oder nach dem Rezept auf Seite 21 vorbereitet) füllt.

# FISCH MIT CURRYKRUSTE

**1.** Den Backofen auf 200 °C (Umluft nicht empfehlenswert, Gas Stufe 3–4) vorheizen. Eine Auflaufform mit ½ Esslöffel Butter ausfetten. Spinat auftauen.

**2.** Cracker mit 1 Esslöffel Butter und Currypulver in einen Blitzhacker geben und fein zerkleinern.

**3.** Rotbarschfilets waschen, trockentupfen und rundherum mit Salz und Pfeffer würzen. Den Fisch in die Auflaufform legen und mit der Crackermischung bedecken. Im heißen Backofen im unteren Drittel 15 bis 20 Minuten goldbraun backen.

**4.** In der Zwischenzeit die Zwiebel abziehen und fein würfeln. Spinat kräftig ausdrücken. 1 Esslöffel Butter in einem Topf zerlassen und die Zwiebel darin glasig dünsten. Spinat zugeben und 2 Minuten mitdünsten. Sahne zugießen, aufkochen und 5 Minuten bei schwacher Hitze kochen. Mit Salz, Pfeffer und Muskat würzen. Fisch mit Rahmspinat servieren.

Zutaten für 2 Personen

2 ½ EL weiche Butter
400 g tiefgefrorener Blattspinat
50 g gesalzene Cracker
1 TL mildes Currypulver
2 Rotbarschfilets (küchenfertig, ohne Haut, à 170 g)
Salz
Pfeffer, frisch gemahlen
1 kleine Zwiebel
150 g Schlagsahne
Muskatnuss, frisch gerieben

Zubereitungszeit:
35 Minuten

**TIPP** In einer fest verschlossenen Frischhaltedose oder einem Gefrierbeutel ist die Crackermischung im Kühlschrank ca. 10 Tage haltbar. Einfach vor dem Gebrauch mit den Fingern zerbröseln und auf den Fisch geben.

**ALTERNATIVE** Die Crackermischung kann auch auf einen angebratenen Lammlachs gestreut und im Backofen gratiniert werden.

# MANDELFISCH MIT BROKKOLISTAMPF

**1.** In einem Topf 1 Liter Salzwasser aufsetzen. Den Backofen auf 180 °C (Umluft nicht empfehlenswert, Gas Stufe 2–3) vorheizen. Ein Backblech mit Backpapier auslegen.

**2.** Brokkoli waschen, putzen und in kleine Röschen teilen. Kartoffeln waschen, schälen und in kleine Würfel schneiden. Brokkoli und Kartoffeln im vorbereiteten Salzwasser zugedeckt 15 Minuten garen.

**3.** In der Zwischenzeit die Fischfilets waschen, trockentupfen und jeweils in 3 Stücke schneiden. Rundherum mit Salz und Pfeffer würzen. Das Ei verquirlen. Fischstücke erst in Mehl wenden und abklopfen. Dann durch das Ei ziehen, in Mandelblättchen wenden und andrücken.

**4.** Butterschmalz in einer beschichteten Pfanne erhitzen und die Fischstücke darin bei mittlerer Hitze rundherum goldbraun anbraten. Den angebratenen Fisch auf das mit Backpapier belegte Backblech legen und im heißen Backofen im unteren Drittel 10 bis 12 Minuten garen.

**5.** Zitrone waschen, halbieren und die eine Hälfte in 4 Spalten schneiden, die andere auspressen. Brokkoli und Kartoffeln abgießen und mit einem Kartoffelstampfer grob stampfen. Schmand untermischen und den Stampf mit Salz, Pfeffer und einigen Spritzern Zitronensaft würzen. Mandelfisch mit Brokkolistampf und Zitronenspalten servieren.

## Zutaten für 2 Personen

Salz
400 g Brokkoli
200 g vorwiegend festkochende Kartoffeln
2 Seelachsfilets (küchenfertig, ohne Haut, à 150 g)
Pfeffer, frisch gemahlen
1 Ei
3 EL Mehl
100 g Mandelblättchen
2 EL Butterschmalz
1 Biozitrone
2 EL Schmand

Zubereitungszeit:
35 Minuten

**NOCH SCHNELLER** Wenn es schneller gehen soll, die Fischstücke unpaniert rundherum 4 bis 5 Minuten anbraten und anschließend mit gerösteten Mandelblättchen bestreuen.

# ÜBERBACKENES SEELACHSFILET

**1.** Den Backofen auf 200 °C (Umluft 180 °C, Gas Stufe 3–4) vorheizen.

**2.** Tomaten waschen, die Stielansätze entfernen und das Fruchtfleisch in ½ Zentimeter dicke Scheiben schneiden. Zucchini waschen, putzen und in sehr feine Scheiben schneiden. Knoblauch abziehen, durch eine Knoblauchpresse drücken und mit dem Öl mischen. Tomaten und Zucchini mit dem Knoblauchöl mischen. Mit Salz und Pfeffer würzen.

**3.** Crème fraîche mit Thymian verrühren und mit Salz und Pfeffer würzen.

**4.** Fischfilet waschen, trockentupfen und in 4 gleich große Stücke schneiden. Tomaten- und Zucchinischeiben in eine Auflaufform (ca. 25 x 20 Zentimeter) schichten. Die Fischstücke nebeneinander auf das Gemüse legen und mit der Thymiancreme bestreichen.

**5.** Fisch im heißen Backofen auf der mittleren Schiene 20 Minuten garen.

Zutaten für 2 Personen

150 g kleine Strauchtomaten
1 kleine Zucchini (150 g)
1 kleine Knoblauchzehe
1 ½ EL Olivenöl
Salz
Pfeffer, frisch gemahlen
150 g Crème fraîche
½ TL getrockneter Thymian
300 g Seelachsfilet oder
Rotbarschfilet (küchenfertig, ohne Haut)

Zubereitungszeit:
30 Minuten

**ZUSÄTZLICH** Dazu passt Baguette oder gekochter Reis.

**ALTERNATIVE** Für dieses Gericht tiefgekühltes Fischfilet verwenden. Zum langsamen Auftauen das Fischfilet aus der Verpackung nehmen, auf einen tiefen Teller legen, mit einem weiteren Teller abdecken und im Kühlschrank über Nacht auftauen lassen.

# FISCH-PICCATA

**1.** Salat putzen, waschen, vorsichtig trockenschleudern und die Blätter grob zupfen. Schnittlauch waschen, trockenschütteln und in feine Röllchen schneiden. Zitrone waschen und halbieren. Die eine Hälfte auspressen und die andere Hälfte in Spalten schneiden. Sahne mit Zitronensaft verrühren und mit Salz, Pfeffer und Zucker würzen.

**2.** Mehl in eine Arbeitsschale geben. Parmesan reiben. Eier verquirlen und den Käse untermischen.

**3.** Fischfilets waschen, trockentupfen und halbieren. Fisch rundherum mit Salz und Pfeffer würzen. Öl in einer Pfanne erhitzen. Fischstücke erst im Mehl wenden und abklopfen. Dann mithilfe einer Gabel durch die Eimischung ziehen und bei mittlerer bis starker Hitze auf jeder Seite 3 bis 4 Minuten goldbraun braten. Fischstücke auf Küchenpapier abtropfen lassen.

**4.** Salat und Schnittlauch mit der Sahnesauce mischen. Fisch-Piccata mit Salat und Zitronenspalten servieren.

Zutaten für 2 Personen

1 kleiner Kopfsalat
½ Bund Schnittlauch
1 Biozitrone
150 g Schlagsahne
Salz
Pfeffer, frisch gemahlen
½ TL Zucker
4 EL Mehl
40 g Parmesan
2 Eier
2 Seelachsfilets (küchenfertig, ohne Haut, à 150 g)
4 EL neutrales Öl

Zubereitungszeit:
30 Minuten

**ZUSÄTZLICH** Fisch-Piccata kann auch bestens mit Tomatensalsa (Zusatzrezept Seite 18) kombiniert werden.

**ALTERNATIVE** Wer keinen Fisch mag, verwendet stattdessen 2 waagerecht halbierte Hähnchenbrustfilets (à 150 Gramm). Dann erhöht sich die Bratzeit auf jeder Seite um ca. 3 Minuten.

# KNUSPERHÄHNCHEN MIT CAESAR-SALAT

**1.** Den Backofen auf 200 °C (Umluft 180 °C, Gas Stufe 3–4) vorheizen. Hähnchenbrustfilets waschen und trockentupfen. Fleisch in 3 Zentimeter große Stücke schneiden, salzen und pfeffern. Cornflakes in einem Gefrierbeutel grob zerdrücken. Eier verquirlen.

**2.** Fleischstücke nacheinander in Mehl, Ei und Cornflakes wenden und diese gut andrücken. Butterschmalz in einer Pfanne erhitzen und die Fleischstücke darin bei mittlerer bis starker Hitze auf jeder Seite 1 Minute braten. Auf ein Backblech legen und im heißen Backofen im unteren Drittel 10 Minuten fertig garen.

**3.** Mayonnaise mit Joghurt, Milch, Zitronensaft und Parmesan verrühren. Knoblauch abziehen und durch eine Knoblauchpresse dazudrücken. Dressing mit Salz, Pfeffer, Zucker und einigen Spritzern Worcestershiresauce würzen.

**4.** Salat putzen, waschen und trockenschleudern. Salatblätter in 1 Zentimeter breite Streifen schneiden. Salat mit dem Dressing mischen und mit dem Knusperhähnchen servieren.

Zutaten für 2 Personen

300 g Hähnchenbrustfilet
Salz
Pfeffer, frisch gemahlen
80 g Cornflakes
2 Eier (Größe M)
5 EL Mehl
3–4 EL Butterschmalz
4 EL Salatmayonnaise
150 g Naturjoghurt
8 EL Milch
2 EL Zitronensaft, frisch gepresst
2 EL frisch geriebener Parmesan
1 kleine Knoblauchzehe
1 Prise Zucker
Worcestershiresauce
2 Römersalatherzen

Zubereitungszeit:
35 Minuten

## MANGODIP

**Die Knusperhähnchenstücke sind ein leckerer Snack für zwischendurch. Einfach den Salat weglassen und einen fruchtig-scharfen Mangodip zubereiten. Dazu ½ reife Mango schälen und fein würfeln. 2 Frühlingszwiebeln waschen, putzen und das Weiße und Hellgrüne fein schneiden. 3 Esslöffel Aprikosenkonfitüre bei mittlerer Hitze erwärmen. Mango und Frühlingszwiebeln unterrühren. Mit 1 Teelöffel mildem Currypulver, Chiliflocken, Salz und 1 Teelöffel Zitronensaft würzen und leicht abkühlen lassen.**

# FRUCHTIGES HÄHNCHENCURRY

**1.** Hähnchenbrust waschen, trockentupfen und quer in dünne Scheiben schneiden. Knoblauch abziehen und hacken. Frühlingszwiebeln waschen, putzen und das Weiße und Hellgrüne in feine Ringe schneiden. Paprikaschote waschen, vierteln, entkernen und in Streifen schneiden. Mango waschen, schälen und das Fruchtfleisch erst vom Stein und dann in 1 Zentimeter große Stücke schneiden.

**2.** Öl in einer großen, tiefen Pfanne erhitzen und das Hähnchenfleisch darin bei starker Hitze 5 Minuten braten. Mit Salz und Pfeffer würzen und herausnehmen. Knoblauch, das Weiße der Frühlingszwiebeln und Paprika in die Pfanne geben und bei mittlerer Hitze 3 Minuten braten. Mit Salz würzen. Zwei Drittel der Mango untermischen. Currypaste dazugeben und unter Rühren 1 Minute mitbraten.

**3.** Brühe zugießen, aufkochen und zugedeckt 8 Minuten garen. Fleisch untermischen und 2 Minuten mitgaren. Koriandergrün waschen, trockenschütteln und die Blättchen mit den zarten Stielen von den Stängeln zupfen.

**4.** Das Curry mit Salz, Pfeffer und Limettensaft würzen. Mit der restlichen Mango, dem Grün der Frühlingszwiebeln und Koriandergrün bestreuen.

Zutaten für 2 Personen

200 g Hähnchenbrustfilet
1 Knoblauchzehe
2 Frühlingszwiebeln
200 g rote Paprikaschote
200 g Mango
2 EL neutrales Öl
Salz
Pfeffer, frisch gemahlen
2–3 TL rote Currypaste
300 ml Geflügelbrühe
4 Stängel Koriandergrün
2–3 TL Limettensaft, frisch gepresst

Zubereitungszeit:
35 Minuten

## ZUSÄTZLICH Das Curry mit 3 Esslöffel grob gehackten, gesalzenen und gerösteten Erdnüssen bestreuen.

## INGWERREIS

**Dazu passt Ingwerreis. Dafür 30 Gramm frischen Ingwer schälen und in Scheiben schneiden. 150 Gramm Basmati- oder Jasminreis mit dem Ingwer mischen und nach Packungsanweisung in Salzwasser garen. ½ Esslöffel Butter unter den heißen Reis mischen.**

# HÄHNCHENGESCHNETZELTES MIT ESTRAGON

**1.** Hähnchenbrust waschen, trockentupfen und der Länge nach halbieren. Die Hälften quer in ½ Zentimeter dicke Scheiben schneiden. Zwiebel abziehen und fein würfeln. Hähnchenfleisch mit Salz und Pfeffer würzen, in Mehl wenden und überschüssiges Mehl abklopfen.

**2.** Öl mit ½ Esslöffel Butter in einer großen Pfanne erhitzen. Das Fleisch darin bei mittlerer bis starker Hitze rundherum 5 Minuten hellbraun braten und herausnehmen.

**3.** In der Pfanne ½ Esslöffel Butter im Bratfett zerlassen und die Zwiebel darin bei mittlerer Hitze glasig dünsten. Brühe, Sahne, Erbsen und Estragon zugeben und 5 Minuten kochen.

**4.** Gebratenes Hähnchenfleisch in die Sauce geben und 2 Minuten mitgaren. Geschnetzeltes mit Salz, Pfeffer und Zitronensaft abschmecken.

Zutaten für 2 Personen

300 g Hähnchenbrustfilet
1 kleine Zwiebel
Salz
Pfeffer, frisch gemahlen
1 EL Mehl
1 EL neutrales Öl
1 EL Butter
150 ml Geflügelbrühe
150 g Schlagsahne
150 g tiefgefrorene Erbsen
1–2 TL getrockneter Estragon
1 EL Zitronensaft, frisch gepresst

Zubereitungszeit:
30 Minuten

**ZUSÄTZLICH** Dazu passt Reis, Baguette oder Nudeln.

**TIPP** Getrockneter Estragon ist sehr aromatisch und geschmacksintensiver als frischer. Wer frische Ware verwendet, benötigt die fein geschnittenen Blättchen von ½ Bund Estragon. Die frischen Blätter nicht mitgaren, sondern erst zum Schluss untermischen. Falls man keinen Estragon hat, kann das Geschnetzelte auch mit frischem oder getrocknetem Thymian zubereitet werden.

# GEMÜSEHÄHNCHEN VOM BLECH

**1.** Backofen auf 200 °C (Umluft nicht empfehlenswert, Gas Stufe 3–4) vorheizen. Ein Backblech mit Backpapier auslegen.

**2.** Knoblauchzehen halbieren. Kartoffeln waschen, schälen und in ½ Zentimeter dicke Scheiben schneiden. Fenchel putzen, waschen und das zarte Grün beiseitelegen. Fenchel längs halbieren, den Strunk keilförmig herausschneiden und die Knollen in 2 Zentimeter dicke Spalten schneiden. Hähnchenunterkeulen waschen und trockentupfen.

**3.** Knoblauch, Kartoffeln, Fenchel und Hähnchenunterkeulen in einer großen Schüssel mit Paprika, Salz und Öl mischen. Alles auf das mit Backpapier belegte Backblech verteilen. Im heißen Backofen auf der mittleren Schiene 40 Minuten goldbraun backen.

**4.** Zitrone waschen, halbieren und in Spalten schneiden. Gemüsehähnchen mit Fenchelgrün bestreuen und mit den Zitronenspalten servieren.

Zutaten für 2 Personen

8 junge Knoblauchzehen
350 g festkochende Kartoffeln
300 g Fenchelknolle mit Grün
6 Hähnchenunterkeulen (Drumsticks, à ca. 120 g)
1 ½ TL rosenscharfes Paprikapulver
Salz
2 EL Olivenöl
1 Biozitrone

Zubereitungszeit:
10 Minuten (plus Garzeit)

**ALTERNATIVE** Dieses Gericht kann auch mit Kürbisspalten, Süßkartoffelscheiben oder Paprikaschoten zubereitet werden.

# KRÄUTERHÄHNCHEN MIT SCHMORTOMATEN

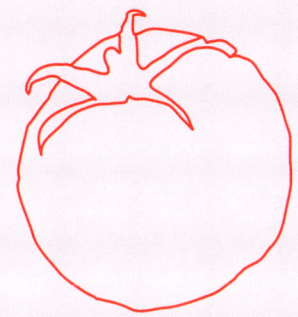

**1.** Den Backofen auf 160 °C (Umluft nicht empfehlenswert, Gas Stufe 1–2) vorheizen. Rosmarin und Thymian waschen, trockenschütteln, die Nadeln bzw. Blättchen von den Zweigen abzupfen und grob hacken. Die Hälfte der Kräuter mit Honig, 2 Esslöffel Öl, Salz und Pfeffer verrühren. Hähnchenbrüste waschen, trockentupfen und mit diesem Kräuteröl einreiben. Zwiebeln abziehen, halbieren und in Streifen schneiden. Tomaten waschen und halbieren.

**2.** Eine Pfanne erhitzen. Hähnchenbrüste darin bei mittlerer bis starker Hitze rundherum 4 Minuten goldbraun anbraten. Fleisch auf einen ofenfesten Teller legen und im heißen Backofen auf der mittleren Schiene 15 Minuten garen.

**3.** In der Zwischenzeit 1 Esslöffel Öl in der Pfanne im Bratfett erhitzen. Zwiebeln darin bei mittlerer Hitze 5 Minuten braten. Tomaten und die restlichen Kräuter zugeben und 2 Minuten mitbraten. Mit Salz, Pfeffer und Zucker würzen. 50 Milliliter Wasser zugießen und aufkochen. Hähnchenbrüste aus dem Backofen nehmen und mit den Schmortomaten servieren. Dazu passt Baguette.

Zutaten für 2 Personen

1 Zweig Rosmarin
4 Zweige Thymian
1 EL flüssiger Honig
3 EL Olivenöl
Salz
Pfeffer, frisch gemahlen
2 Hähnchenbrustfilets
(à 150 g)
2 kleine Zwiebeln
300 g Kirschtomaten
½ TL Zucker

Zubereitungszeit:
30 Minuten

**ALTERNATIVE** Statt Tomaten Zucchini oder Paprikaschoten verwenden.

**ZUSATZREZEPT** Wer mehr Zeit hat, bereitet als Beilage eine cremige Polenta zu. Dafür 300 Milliliter Milch mit 300 Milliliter Wasser und 1 Zweig Rosmarin aufkochen. 70 Gramm Maisgrieß für Polenta einrühren und aufkochen. Bei schwacher Hitze zugedeckt unter gelegentlichem Rühren 15 bis 20 Minuten quellen lassen. 2 Esslöffel geriebenen Parmesan und 1 Esslöffel Olivenöl unterrühren. Salzen, pfeffern.

# ENTENBRUST AUS DEM WOK

**1.** Zuckerschoten waschen und schräg halbieren. Zwiebel abziehen, halbieren und in Streifen schneiden. Entenbrust waschen, trockentupfen und quer in ½ Zentimeter dicke Scheiben schneiden.

**2.** Ingwer schälen, Knoblauch abziehen und beides mit den Pfefferkörnern in einem Mörser fein zerstoßen. Entenfleisch mit der Würzpaste mischen. Honig mit Sherry und Sojasauce verrühren. Schnittlauch waschen, trockenschütteln und in feine Röllchen schneiden.

**3.** In einem Wok 2 Esslöffel Öl erhitzen. Die Zuckerschoten und die Zwiebel darin bei starker Hitze 2 Minuten braten und herausnehmen. Erneut 1 Esslöffel Öl erhitzen, das Fleisch auf jeder Seite 1 Minute anbraten und wieder herausnehmen.

**4.** Den Bratensatz mit der Honig-Soja-Mischung und 150 Milliliter Wasser ablöschen und aufkochen. Speisestärke in wenig kaltem Wasser auflösen, unter Rühren in die Sauce gießen und aufkochen. Zuckerschoten, Zwiebel und Entenbrust untermischen und einmal kurz aufkochen. Das Gericht mit Schnittlauch bestreuen und servieren.

Zutaten für 2 Personen

200 g Zuckerschoten
1 rote Zwiebel
1 Entenbrustfilet (300 g)
20 g frischer Ingwer
1 Knoblauchzehe
1 TL schwarze Pfefferkörner
1 EL flüssiger Honig
2 EL trockener Sherry
(ersatzweise Weißwein)
4 EL Sojasauce
½ Bund Schnittlauch
3 EL neutrales Öl
1 TL Speisestärke

Zubereitungszeit:
25 Minuten

**ZUSÄTZLICH** Dazu passt Basmatireis (siehe Zusatzrezept auf Seite 45). Wer keine Cashewnüsse mag, lässt sie einfach weg.

**ALTERNATIVE** Die Entenbrust durch Schweinefilet oder Rinderhüftsteak austauschen. Als Alternative zu den Zuckerschoten Brokkoli oder grünen Spargel braten, dann erhöht sich die Bratzeit auf 5 Minuten.

# PILZ-SCHNITZEL

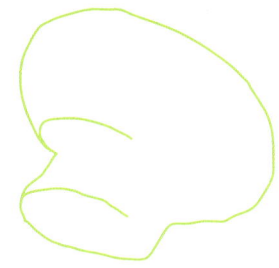

**1.** Pilze putzen und je nach Größe halbieren oder vierteln. Zwiebel abziehen, halbieren und in Streifen schneiden. Petersilie waschen, trockenschütteln, Blätter abzupfen und hacken. Schnitzel waschen und trockentupfen.

**2.** Öl in einer Pfanne erhitzen. Schnitzel mit Salz und Pfeffer würzen und in der Pfanne bei starker Hitze auf jeder Seite 2 Minuten braten. Schnitzel aus der Pfanne nehmen.

**3.** Butter in die Pfanne geben und bei mittlerer Hitze schmelzen. Pilze und Zwiebeln dazugeben und 5 Minuten braten. Tomatenmark einrühren und kurz mitbraten. Mit Wein ablöschen und auf die Hälfte einkochen. Brühe zugießen und aufkochen. Oregano dazugeben und die Sauce 5 Minuten kochen. Mit Salz, Pfeffer und Zucker würzen. Die Sauce nach Bedarf mit Saucenbinder leicht binden.

**4.** Schnitzel in die Sauce legen und bei schwacher Hitze 5 Minuten ziehen lassen. Mit Petersilie bestreuen und servieren.

Zutaten für 2 Personen

250 g gemischte Pilze
(z. B. Champignons und
Kräuterseitlinge)
1 Zwiebel
3 Stängel glatte Petersilie
2 Schweineschnitzel
(à 150 g)
1½ EL neutrales Öl
Salz
Pfeffer
1 EL Butter
1 TL Tomatenmark
100 ml Rotwein
200 ml Fleischbrühe
½ TL getrockneter Oregano
1 Prise Zucker
ca. 1 TL dunkler Saucen-
binder

Zubereitungszeit:
30 Minuten

**TIPP** Zu diesem Gericht passen Spätzle oder Schupfnudeln aus dem Kühlregal. Diese nach Packungsanweisung garen, gut abtropfen lassen und in einer Pfanne in 1 Esslöffel Butter und ½ Esslöffel Öl goldbraun braten. Die Pilzsauce passt auch gut zu gebratenem Rumpsteak vom Rind oder Schweinenackensteak.

**ALTERNATIVE** Für ein Pilz-Rahm-Schnitzel einfach statt Rotwein Weißwein nehmen, die Menge der Brühe auf 150 Milliliter reduzieren und 100 Gramm Schlagsahne zugießen und mitkochen. Dann ist es nicht notwendig, die Sauce zu binden.

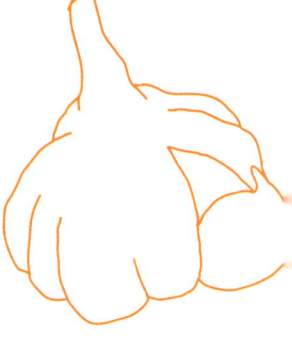

# AUBERGINEN-HACK-AUFLAUF

**1.** Den Backofen auf 220 °C (Umluft nicht empfehlenswert, Gas Stufe 4-5) vorheizen.

**2.** Zwiebel und Knoblauch abziehen und fein würfeln. Rosmarin waschen, trockenschütteln, die Nadeln abzupfen und hacken. Aubergine waschen, putzen und in 1 Zentimeter große Würfel schneiden. Tomaten waschen und halbieren. Schafskäse grob zerbröseln.

**3.** In einer Pfanne 1 Esslöffel Öl erhitzen und die Auberginen darin bei mittlerer bis starker Hitze 4 Minuten braten. Salzen, pfeffern und herausnehmen. Erneut 1 Esslöffel Öl in der Pfanne erhitzen und das Hackfleisch darin bei mittlerer bis starker Hitze 5 Minuten braten. Zwiebel, Knoblauch und die Hälfte des Rosmarins dazugeben und 2 Minuten mitbraten. Tomatenmark einrühren und kurz mitrösten. 175 Milliliter Wasser zugießen und aufkochen. Salzen und pfeffern.

**4.** Zwei ofenfeste Förmchen (à 15 Zentimeter Durchmesser) mit je 1 Teelöffel Öl fetten. Hackmischung in die Formen füllen. Aubergine, Tomaten, Schafskäse und restlichen Rosmarin mit 1 Esslöffel Öl mischen, salzen und pfeffern. Auberginenmischung auf dem Hackfleisch verteilen. Im heißen Backofen auf der mittleren Schiene 20 Minuten überbacken.

Zutaten für 2 Personen

1 Zwiebel
1 Knoblauchzehe
1 Zweig Rosmarin
200 g Aubergine
100 g Kirschtomaten
100 g Schafskäse
3½ EL Olivenöl
Salz
Pfeffer, frisch gemahlen
300 g gemischtes
Hackfleisch
2 TL Tomatenmark

Zubereitungszeit:
40 Minuten

**ALTERNATIVE** Versuchen Sie dieses Rezept doch einmal mit Lammhackfleisch. Statt der Aubergine kann Zucchini verwendet werden – die man allerdings zuvor nur 2 Minuten anbraten soll.

**TIPP** Dazu passt Baguette oder Reis. Wer die feste Schale der Aubergine nicht so gerne mag, schält sie vorher mit einem Sparschäler.

# SCHWEINEMEDAILLONS MIT PILZRAHM

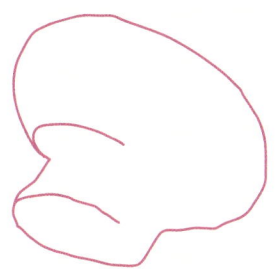

**1.** Den Backofen auf 180 °C (Umluft 160 °C, Gas Stufe 2–3) vorheizen. Schweinefilet waschen, trockentupfen, in 4 gleich dicke Medaillons schneiden und leicht flach drücken. Pilze putzen und je nach Größe halbieren oder vierteln. Frühlings-zwiebeln waschen, putzen und das Weiße und Hellgrüne in 2 Zentimeter lange Stücke schneiden. Petersilie waschen, trockenschütteln, die Blätter abzupfen und fein hacken.

**2.** Schweinemedaillons mit Salz und Pfeffer würzen. Öl und 1 Teelöffel Butter in einer großen Pfanne erhitzen. Medail-lons rundherum bei mittlerer bis starker Hitze braun anbra-ten, herausnehmen und auf einen ofenfesten Teller legen. Medaillons im heißen Backofen auf der mittleren Schiene 10 bis 12 Minuten garen.

**3.** In der Zwischenzeit 1 Teelöffel Butter in dem Bratfett in der Pfanne zerlassen. Pilze darin 5 Minuten braten. Frühlings-zwiebeln zugeben und 2 Minuten mitbraten. Pilze und Früh-lingszwiebeln mit Salz und Pfeffer würzen und mit Weißwein ablöschen. 100 Milliliter Wasser und Sahne zugießen und aufkochen. Sauce 5 Minuten kochen und mit Salz, Pfeffer, Petersilie und einigen Spritzern Worcestersauce würzen. Die Medaillons aus dem Backofen nehmen, kurz ruhen lassen und mit dem Pilzrahm servieren.

Zutaten für 2 Personen

300 g Schweinefilet
200 g braune Champignons
4 Frühlingszwiebeln
4 Stängel krause Petersilie
Salz
Pfeffer, frisch gemahlen
1 EL neutrales Öl
2 TL Butter
50 ml Weißwein
150 g Schlagsahne
Worcestersauce

Zubereitungszeit:
30 Minuten

**ZUSÄTZLICH** **Als schnelle Beilage eignen sich frische Spätzle aus dem Kühlregal. Diese sind in fast jedem Supermarkt erhältlich. Spätzle in reichlich kochendem Salzwasser nach Packungsanweisung garen. Mit 2 Teelöffel Butter und 2 Esslöffel gehackter Petersilie mischen und servieren.**

# SCHWEINEFLEISCH SÜSS-SAUER

**1.** Zwiebel abziehen, halbieren und in Streifen schneiden. Knoblauch abziehen und hacken. Paprikaschote waschen, vierteln, entkernen und in 2 Zentimeter große Stücke schneiden. Ananas schälen, vierteln, den harten Strunk herausschneiden und das Fruchtfleisch in ebenso große Stücke schneiden.

**2.** Ketchup mit Essig, Honig, Sojasauce und 100 Milliliter Wasser verrühren.

**3.** Fleisch quer in dünne Scheiben schneiden. Mit Salz und Pfeffer würzen und in Speisestärke wälzen. 2 Esslöffel Öl in einem Wok oder einer großen Pfanne erhitzen und das Fleisch darin bei starker Hitze 2 Minuten unter Rühren braten. Herausnehmen. 1 Esslöffel Öl in dem Wok oder der Pfanne erhitzen und Zwiebel, Knoblauch und Paprika darin bei mittlerer Hitze 4 Minuten braten. Ananas untermischen.

**4.** Ketchup-Honig-Sauce zugießen und alles aufkochen. Fleisch untermischen und kurz erhitzen. Eventuell mit Salz und Pfeffer nachwürzen.

Zutaten für 2 Personen

1 Zwiebel
1 Knoblauchzehe
200 g gelbe Paprikaschote
1 Babyananas (ersatzweise
¼ große Ananas)
3 EL Ketchup
1 EL Weißweinessig
1 EL flüssiger Honig
3 EL Sojasauce
250 g Schweinefilet (ersatzweise Schweineschnitzel)
Salz
Pfeffer, frisch gemahlen
1 EL Speisestärke
3 EL neutrales Öl

Zubereitungszeit:
30 Minuten

**ZUSÄTZLICH** Als Beilage eignet sich Reis. Für mehr Schärfe 20 Gramm gehackten, frischen Ingwer mitbraten und das Gericht zum Schluss nach Belieben mit Sambal Oelek würzen.

**TIPP** Das Wälzen von Fleisch in Speisestärke geht einfach, wenn man beides in eine Frischhaltedose gibt, den Deckel fest verschließt und dann die Dose schüttelt.

**ALTERNATIVE** Wer keine frische Ananas bekommt, nimmt stattdessen 1 kleine Dose Ananasstücke (150 g Abtropfgewicht). Ananassaft nicht wegschütten, sondern 50 Milliliter Wasser durch Ananassaft ersetzen.

# SCALOPPINE

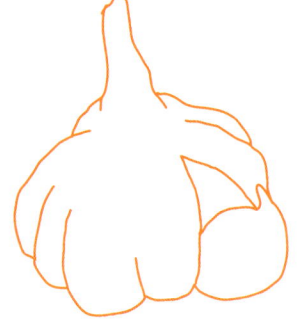

**1.** Den Backofen auf 180 °C (Umluft 180 °C, Gas Stufe 2–3) vorheizen. Schweinefilet waschen, trockentupfen, in 6 gleich dicke Medaillons schneiden und leicht flach drücken. Knoblauch abziehen und die Zehen halbieren. Rosmarin waschen und trockenschütteln. Tomaten waschen und halbieren. Gorgonzola in 6 Stücke schneiden.

**2.** Schweinemedaillons mit Salz und Pfeffer würzen. 1½ Esslöffel Öl in einer beschichteten Pfanne erhitzen und die Medaillons darin bei mittlerer bis starker Hitze rundherum braun anbraten. Herausnehmen, auf einem ofenfesten Teller verteilen und mit je 1 Stück Gorgonzola belegen. Fleisch im Backofen auf der mittleren Schiene 8 bis 10 Minuten garen.

**3.** In der Zwischenzeit 2 Esslöffel Öl im Bratfett in der Pfanne erhitzen und Knoblauch und Rosmarin darin bei mittlerer Hitze 2 Minuten braten. Tomaten dazugeben und 3 Minuten mitbraten. Mit Salz, Pfeffer und Zucker würzen. 50 Milliliter Wasser zugießen und aufkochen. Knoblauch und Rosmarin entfernen. Medaillons aus dem Backofen nehmen und mit den Tomaten servieren.

Zutaten für 2 Personen

320 g Schweinefilet
2 Knoblauchzehen
2 Zweige Rosmarin
300 g Kirschtomaten
80 g Gorgonzola
Salz
Pfeffer, frisch gemahlen
3 EL Olivenöl
1 Prise Zucker

Zubereitungszeit:
25 Minuten

## ALTERNATIVE
Gorgonzola weglassen und das Fleisch stattdessen mit je 1 Salbeiblatt belegen und mit je 1 Scheibe Parmaschinken umwickeln.

## POLENTA
Polenta als Beilage dazu reichen. Dafür 200 Milliliter Milch mit 200 Milliliter Wasser, 1 angedrückten Knoblauchzehe und Salz aufkochen. 60 Gramm Polenta (Maisgrieß) einrühren und aufkochen. Bei schwächster Hitze 15 bis 20 Minuten quellen lassen. Knoblauch entfernen. Je nach Belieben 2 Esslöffel geriebenen Parmesan, 2 Esslöffel Mascarpone oder 30 Gramm Gorgonzola unterrühren. Polenta mit Salz und Pfeffer würzen.

# PETERSILIENSCHNITZEL MIT GURKEN-TOMATEN-SALAT

**1.** Gurke waschen, streifig schälen und in dünne Scheiben schneiden. Tomaten waschen, die Stielansätze entfernen und das Fruchtfleisch in grobe Stücke schneiden. Petersilie waschen, trockenschütteln, die Blätter von den Stängeln zupfen und grob hacken.

**2.** Für das Dressing Zitronensaft mit Salz, Pfeffer und Zucker verrühren. Öl nach und nach unterrühren.

**3.** Eier verquirlen. Semmelbrösel mit der Hälfte der Petersilie mischen. Schnitzel waschen, trockentupfen und nebeneinander in einen Gefrierbeutel legen. Mit einem Topfboden leicht flach klopfen. Schnitzel mit Salz und Pfeffer würzen. Schnitzel erst im Mehl wenden, dann durch das Ei ziehen und anschließend in den Semmelbröseln panieren.

**4.** Butterschmalz in einer Pfanne erhitzen. Schnitzel darin bei mittlerer Hitze auf jeder Seite 2 bis 3 Minuten goldbraun braten und auf Küchenpapier abtropfen lassen. Gurke, Tomaten und die restliche Petersilie mit dem Zitronendressing mischen. Petersilienschnitzel sofort mit dem Salat servieren.

Zutaten für 2 Personen

½ Salatgurke (250 g)
200 g kleine Strauchtomaten
1 Bund glatte Petersilie
2 EL Zitronensaft, frisch gepresst
Salz
Pfeffer, frisch gemahlen
½ TL Zucker
4 EL Rapsöl
2 Eier
60 g Semmelbrösel
4 kleine Schweineschnitzel (à 70 g)
2 EL Mehl
2–3 EL Butterschmalz

Zubereitungszeit:
30 Minuten

**TIPP** Die Semmelbrösel können aus altbackenen Brötchen oder Weißbrot hergestellt werden. Vor allem Brötchen mit Sonnenblumen- oder Kürbiskernen verleihen der Panade einen besonderen Geschmack und Biss. Brötchen in einen Blitzhacker geben, zerkleinern und in einer Blechdose aufbewahren.

**ALTERNATIVE** Eine leichte Anisnote erhalten Schnitzel und Salat, wenn die Petersilie durch Estragon ausgetauscht wird.

# GYROS MIT KNOBLAUCHKARTOFFELN

**1.** Den Backofen auf 100 °C (Umluft nicht empfehlenswert, Gas Stufe 1) vorheizen. Schnitzel quer in feine Streifen schneiden. Zwiebeln abziehen, halbieren und in Streifen schneiden. Fleisch und Zwiebeln in einer Schüssel mit dem Gyrosgewürz und 2 Esslöffel Öl mischen und 10 Minuten marinieren.

**2.** Kartoffeln waschen, schälen und in 1 Zentimeter große Würfel schneiden. Thymian waschen, trockenschütteln und die Blättchen abzupfen. Knoblauch abziehen.

**3.** In einer großen Pfanne 2 Esslöffel Öl erhitzen und die Kartoffelwürfel darin bei mittlerer bis starker Hitze unter gelegentlichem Rühren 8 Minuten goldbraun braten. Salzen und pfeffern. Knoblauch durch eine Knoblauchpresse drücken und mit dem Thymian unter die Kartoffeln mischen. Kartoffeln in einer ofenfesten Form verteilen und im heißen Backofen auf der mittleren Schiene warm halten.

**4.** Erneut 1 Esslöffel Öl in der Pfanne erhitzen und die Fleisch-Zwiebel-Mischung darin bei mittlerer bis starker Hitze ca. 5 Minuten braten. Salzen und pfeffern. Gyros mit den Knoblauchkartoffeln und dem Joghurt sofort servieren.

Zutaten für 2 Personen

2 Schweineschnitzel
(à 150 g)
2 Zwiebeln
2 TL Gyrosgewürz
5 EL Olivenöl
500 g festkochende
Kartoffeln
4 Stängel Thymian
1 Knoblauchzehe
Salz
Pfeffer, frisch gemahlen
150 g griechischer Sahnejoghurt (10 % Fett)

Zubereitungszeit:
30 Minuten

**TIPP** Gyrosgewürz selbst herstellen: 1 Teelöffel edelsüßes Paprikapulver, 1 Teelöffel getrockneten Oregano, 2 Teelöffel frische Thymianblättchen und 1 Messerspitze getrocknete Chiliflocken oder Cayennepfeffer vermischen.

## ZAZIKI

⅓ Salatgurke waschen, schälen, längs halbieren, entkernen und das Fruchtfleisch raspeln. 2 Stängel Dill waschen und hacken. 200 Gramm griechischen Sahnejoghurt (10 % Fett) mit 1 durchgepressten Knoblauchzehe und 1 Esslöffel Olivenöl glatt rühren. Mit Salz, Pfeffer und etwas Zitronensaft würzen. Gurkenraspel und Dill untermischen.

# BLITZ-CHILI-CON-CARNE

**1.** Zwiebel und Knoblauch abziehen und fein würfeln. Öl in einer tiefen Pfanne erhitzen und das Hackfleisch darin bei starker Hitze 4 Minuten braten. Zwiebel und Knoblauch dazugeben und bei mittlerer Hitze 2 Minuten mitbraten. Mit Salz und Pfeffer würzen.

**2.** Tomaten dazugeben, aufkochen und bei mittlerer Hitze 15 Minuten kochen. Bohnen und Mais zusammen in ein Sieb geben, mit kaltem Wasser abspülen und abtropfen lassen. Bohnen und Mais zu der Hackfleischmischung geben und 5 Minuten mitkochen. Mit Salz, Pfeffer, Zucker und einigen Spritzern Chilisauce würzen.

**3.** Saure Sahne glatt rühren. Petersilie waschen, trockenschütteln, Blätter abzupfen und fein schneiden. Chili con carne mit Petersilie bestreuen und mit saurer Sahne servieren.

Zutaten für 2 Personen

1 Zwiebel
1 Knoblauchzehe
2 EL neutrales Öl
250 g gemischtes Hackfleisch
Salz
Pfeffer, frisch gemahlen
1 Dose stückige Tomaten (400 g Füllmenge)
1 Dose Kidneybohnen (250 g Abtropfgewicht)
1 Dose Mais (140 g Abtropfgewicht)
1 Prise Zucker
Chilisauce (z. B. Tabasco)
150 g saure Sahne
3 Stängel glatte Petersilie

Zubereitungszeit:
30 Minuten

**TIPP** Als Beilage Fladenbrot wählen.

**ALTERNATIVE** Chili con carne mit geraspeltem Cheddar bestreuen. Oder für etwas Frische und Knack mit Chicorée- oder Römersalatblättern servieren. Für eine orientalische Variante das Chili mit einer Messerspitze Zimtpulver und ½ Teelöffel gemahlenem Kreuzkümmel würzen.

**NOCH SCHNELLER** Das doppelte Rezept kochen und Reste einfrieren oder am nächsten Tag essen.

# GEFÜLLTE TACOS

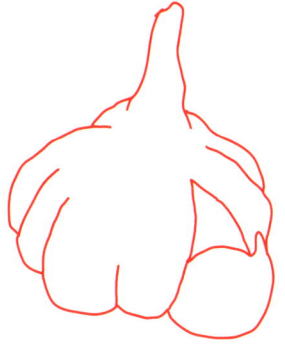

**1.** Den Backofen auf 180 °C (Umluft 160 °C, Gas Stufe 2–3) vorheizen.

**2.** Knoblauch abziehen und hacken. Öl in einer Pfanne erhitzen und das Hackfleisch darin bei starker bis mittlerer Hitze ca. 5 Minuten braten. Knoblauch und Tomatenmark dazugeben und kurz mitbraten. Mit Salz, Chiliflocken und Kreuzkümmel würzen.

**3.** Salat putzen und waschen. Salatblätter in feine Streifen schneiden. Tomaten waschen, putzen und würfeln. Käse raspeln. Avocado halbieren, entkernen, das Fruchtfleisch würfeln und sofort mit Limettensaft mischen. Koriandergrün waschen, trockenschütteln und die Blätter mit den feinen Stielen abzupfen. Saure Sahne glatt rühren. Alle Zutaten einzeln in kleine Schüsseln füllen und auf dem Tisch verteilen.

**4.** Taco-Schalen nach Packungsanweisung im heißen Backofen aufbacken. Nacheinander mit der Hackmischung, saurer Sahne, Käse, Salat, Tomaten, Avocado und Koriandergrün füllen und sofort essen.

Zutaten für 2 Personen

1 Knoblauchzehe
2 EL Öl
300 g Rinderhack
1½ EL Tomatenmark
Salz
½–1 TL getrocknete Chiliflocken
¼ TL gemahlener Kreuzkümmel
1 Römersalatherz
120 g Tomaten
60 g Cheddar (ersatzweise Gouda)
1 reife Avocado
2 TL Limettensaft, frisch gepresst
4 Stängel Koriandergrün
150 g saure Sahne
6 Taco-Schalen

Zubereitungszeit:
30 Minuten

**TIPP** **Die Tacos können auch prima mit dem Chili con carne von Seite 204 gefüllt werden. Dafür das Chili con carne einfach etwas länger einkochen, damit es nicht zu flüssig ist und aus den Taco-Schalen läuft. Dann mit den weiteren Zutaten füllen. Köstlich!**

# ORIENTALISCHE FRIKADELLEN

**1.** Den Backofen auf 200 °C (Umluft 180 °C, Gas Stufe 2–3) vorheizen. Paprikaschoten waschen, längs halbieren und entkernen. Paprika mit 1 Esslöffel Öl mischen, salzen und auf das Backblech legen.

**2.** Aprikosen fein würfeln. Petersilie waschen, trockenschütteln, Blätter abzupfen und hacken. Käse zerbröseln. Hackfleisch in eine Schüssel geben. Knoblauch abziehen und durch eine Knoblauchpresse zum Fleisch pressen. Aprikosen, die Hälfte der Petersilie, Käse, Ei, Semmelbrösel und Tomatenmark untermischen. Hackmasse mit Salz und Chiliflocken würzen.

**3.** Hackmasse mit feuchten Händen zu 6 länglichen Frikadellen formen. 2 Esslöffel Öl in einer Pfanne erhitzen und die Frikadellen darin bei mittlerer bis starker Hitze rundherum 5 Minuten braten. Frikadellen mit auf das Blech legen und alles im heißen Backofen im unteren Drittel 15 Minuten garen.

**4.** Joghurt in ein Schälchen füllen, mit 1 Esslöffel Öl beträufeln und mit Chiliflocken bestreuen. Paprika und Frikadellen aus dem Backofen nehmen und mit der restlichen Petersilie bestreuen. Mit Fladenbrot servieren.

Zutaten für 2 Personen

3 rote Spitzpaprika
4 EL Olivenöl
Salz
30 g getrocknete Aprikosen
3 Stängel glatte Petersilie
40 g Schafskäse
300 g Rinderhackfleisch
1 Knoblauchzehe
1 Ei (Größe M)
2–3 EL Semmelbrösel
1 TL Tomatenmark
getrocknete Chiliflocken
150 g Naturjoghurt
1 kleines Fladenbrot

Zubereitungszeit:
35 Minuten

**ALTERNATIVE** Statt Rinderhack die Frikadellen mit Lammhack zubereiten. Anstelle der getrockneten Aprikosen Cranberrys verwenden.

**TIPP** Die Hackfleischmasse auf 4 Metallspießen zu länglichen Frikadellen formen, dünn mit Olivenöl einpinseln und auf einem heißen Grill rundherum 15 Minuten grillen. Dazu passen der Hirtensalat von Seite 68 oder der Bulgursalat von Seite 66.

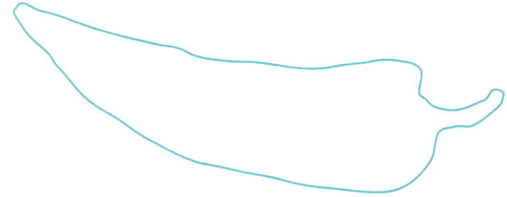

# SOUFLAKI MIT ZUCCHINI-TOMATEN-REIS

**1.** Vier Holzspieße 5 Minuten in Wasser einweichen. Schweinefilet waschen, trockentupfen und in 3 Zentimeter dicke Stücke schneiden. Thymian waschen, trockenschütteln und die Blätter abzupfen.

**2.** In einer Auflaufform den Zitronensaft mit 2 Esslöffel Öl, der Hälfte des Thymians und Pfeffer zu einer Marinade verrühren. Holzspieße aus dem Wasser nehmen, trockentupfen und die Fleischstücke darauf stecken. Fleischspieße in der Zitronen-Thymian-Marinade wenden und 10 Minuten marinieren.

**3.** In der Zwischenzeit den Reis nach Packungsanweisung in Salzwasser garen. Zwiebel abziehen und fein würfeln. Zucchini waschen, putzen und in 1 Zentimeter große Würfel schneiden. 1 Esslöffel Öl und die Butter in einer Pfanne erhitzen und Zwiebel, Zucchini und den restlichen Thymian darin bei mittlerer Hitze 3 Minuten braten. Salzen und pfeffern. Tomatenmark dazugeben und unter Rühren kurz mitbraten. Den Reis abgießen, gut abtropfen lassen, mit der Zucchinimischung vermengen und warm halten.

**4.** In einer Pfanne 1 Esslöffel Öl erhitzen. Fleischspieße aus der Marinade nehmen, abtropfen lassen und in der heißen Pfanne bei mittlerer bis starker Hitze rundherum 8 bis 10 Minuten braten und salzen. Spieße sofort mit dem Reis servieren.

**Zutaten für 2 Personen**

300 g Schweinefilet
6 Stängel Thymian
1 EL Zitronensaft, frisch gepresst
3 EL Olivenöl
Pfeffer, frisch gemahlen
125 g Langkornreis
Salz
1 Zwiebel
200 g Zucchini
½ EL Butter
2 TL Tomatenmark

**Zubereitungszeit:**
35 Minuten

**TIPP** Als Beilage passen die Knoblauchkartoffeln mit Zaziki von Seite 203. Die Fleischspieße lassen sich auch gut grillen.

**ALTERNATIVE** In die Marinade zusätzlich 1 in Scheiben geschnittene Knoblauchzehe, 1 Teelöffel Oregano und 1 Teelöffel edelsüßes Paprikapulver geben. Wenn man statt Schweinefilet durchwachsenen Schweinenacken braten will, verlängert sich die Bratzeit um ca. 5 Minuten.

# STEAK ALLA PIZZAIOLA

**1.** Den Backofengrill vorheizen. Knoblauch abziehen und fein hacken. Steaks rundherum mit Salz und Pfeffer würzen. 2 Esslöffel Öl in einer großen Pfanne erhitzen und die Steaks darin bei starker Hitze auf jeder Seite 1 Minute anbraten. Fleisch aus der Pfanne nehmen.

**2.** Knoblauch in die Pfanne geben und unter Rühren kurz braten. Tomaten dazugeben, aufkochen und bei mittlerer Hitze 5 Minuten kochen. In der Zwischenzeit die Oliven grob schneiden. Oregano waschen, trockenschütteln und die Blättchen von den Stängeln zupfen. Parmesan fein reiben.

**3.** Oliven und Oregano in die Tomatensauce geben. Mit Salz, Pfeffer und Zucker würzen. Tomatensauce und Steaks in eine Auflaufform geben und mit 2 Esslöffel Öl beträufeln. Parmesan darüber streuen. Steaks unter dem heißen Backofengrill im oberen Backofendrittel ca. 3 Minuten überbacken, bis der Parmesan geschmolzen ist. Mit Ciabatta sofort servieren.

Zutaten für 2 Personen

1 Knoblauchzehe
4 dünne Scheiben
Rumpsteak (à 80 g)
Salz
Pfeffer, frisch gemahlen
4 EL Olivenöl
1 Dose stückige Tomaten
(400 g Füllmenge)
40 g schwarze Oliven
(ohne Stein)
4 Stängel Oregano (ersatzweise 1 TL getrockneter
Oregano)
40 g Parmesan
1 Prise Zucker
6 Scheiben Ciabatta-Brot

Zubereitungszeit:
25 Minuten

**ALTERNATIVE** **Vegetarier braten statt der Steaks 400 Gramm Auberginenschei-
ben. Diese zuvor salzen und nebeneinander auf einen Teller legen.
10 Minuten ziehen lassen, trockentupfen und auf jeder Seite 2 bis
3 Minuten braten. Anschließend wie die gebratenen Steaks zubereiten.**

# STEAK MIT PFEFFERRAHMSAUCE

**1.** Den Backofen auf 170 °C (Umluft nicht empfehlenswert, Gas Stufe 2) vorheizen. Schalotten abziehen und fein würfeln. Grünen Pfeffer grob hacken. Den Fettrand der Steaks mit einem scharfen Messer mehrmals leicht einschneiden.

**2.** Steaks mit jeweils 1 Esslöffel Öl einreiben und mit Salz und Pfeffer würzen. Eine Pfanne stark erhitzen und die Steaks darin rundherum 3 Minuten anbraten. Steaks auf ein Backblech legen und im heißen Backofen auf der mittleren Schiene 10 bis 12 Minuten medium garen.

**3.** Inzwischen die Butter im Bratfett in der Pfanne bei mittlerer Hitze schmelzen. Schalotte und grünen Pfeffer darin 2 Minuten dünsten. Mit Cognac ablöschen. Brühe und Sahne zugießen, aufkochen und 5 Minuten kochen. Eventuell mit etwas Saucenbinder binden. Sauce mit Salz und Pfeffer würzen.

**4.** Schnittlauch waschen, trockenschütteln und in feine Röllchen schneiden. Steaks aus dem Backofen nehmen und kurz ruhen lassen. Mit der Pfeffersauce beträufeln, mit Schnittlauch bestreuen und servieren.

Zutaten für 2 Personen

2 Schalotten (40 g)
1½ EL grüner Pfeffer (Glas)
2 Rumpsteaks (à 200 g, Zimmertemperatur)
2 EL Olivenöl
Salz
Pfeffer, frisch gemahlen
½ EL Butter
3 EL Cognac (ersatzweise Brandy oder Weinbrand)
150 ml Fleischbrühe
150 g Schlagsahne
ca. 1 TL heller Saucenbinder
⅓ Bund Schnittlauch

Zubereitungszeit:
25 Minuten

## ZUSÄTZLICH   Die Kartoffelsticks von Seite 114 sind eine passende Beilage.

## ERBSEN-MÖHREN-GEMÜSE

Als Gemüsebeilage zu diesem Klassiker schmeckt ein Erbsen-Möhren-Gemüse. Dazu 300 Gramm Möhren waschen, schälen und schräg in ½ Zentimeter dicke Scheiben schneiden. 1 Esslöffel Butter schmelzen und darin Möhren und 1 Teelöffel Zucker bei mittlerer Hitze 2 Minuten dünsten. 50 Milliliter Mineralwasser zugießen und salzen. Möhren zugedeckt 3 Minuten garen. 150 Gramm tiefgefrorene Erbsen untermischen und 3 Minuten mitgaren. Gemüse mit Salz, Pfeffer und Muskat würzen.

# SCHARFES RIND

**1.** Ingwer schälen und fein würfeln. Knoblauch abziehen und hacken. Pfeffer, Ingwer, Knoblauch, 1 Esslöffel Sojasauce und 1 Esslöffel Öl in einer Schüssel mischen.

**2.** Steak waschen, trockentupfen und quer in dünne Scheiben schneiden. Fleisch mit der Pfeffermischung vermengen. Zwiebeln abziehen, halbieren und in Streifen schneiden. Restliche Sojasauce mit Aprikosenkonfitüre verrühren.

**3.** In einer Pfanne 2 Esslöffel Öl erhitzen und das Fleisch darin in 2 Portionen bei starker Hitze 3 Minuten braten. Herausnehmen. 1 Esslöffel Öl im Bratfett erhitzen und die Zwiebeln darin bei mittlerer Hitze 5 Minuten braten. 200 Milliliter Wasser und die Soja-Aprikosen-Mischung zugießen. Aufkochen.

**4.** Speisestärke mit wenig kaltem Wasser verrühren, bis sie sich aufgelöst hat. Stärkelösung unter ständigem Rühren in die Sauce gießen und aufkochen. Fleisch und ausgetretenen Fleischsaft zufügen und 1 Minute in der Sauce ziehen lassen.

**5.** Petersilie waschen, trockenschütteln, die Blätter von den Stängeln zupfen und hacken. Das Fleisch mit Petersilie bestreuen und servieren.

Zutaten für 2 Personen

20 g frischer Ingwer
1 Knoblauchzehe
1 TL schwarzer Pfeffer, frisch gemahlen
6 EL Sojasauce
4 EL neutrales Öl
300 g Rinderhüftsteak
2 Zwiebeln
50 g Aprikosenkonfitüre
1 TL Speisestärke
3 Stängel glatte Petersilie

Zubereitungszeit:
30 Minuten

**TIPP** **Als Beilage passt Reis dazu. Wer keine Speisestärke im Vorratsschrank hat, bindet die Sauce mit dunklem Saucenbinder. Er kann direkt in die heiße Flüssigkeit hineingegeben werden.**

**ALTERNATIVE** **Statt Aprikosenkonfitüre kann auch Pflaumenmus verwendet werden.**

# ASIA-RIND MIT BROKKOLI

**1.** Knoblauch abziehen und in dünne Scheiben schneiden. Zwiebeln abziehen, halbieren und in Streifen schneiden. Brokkoli waschen, putzen und in kleine Röschen teilen. Brokkolistiel schälen und in Scheiben schneiden. Steak quer in ½ Zentimeter breite Streifen schneiden.

**2.** In einem Wok oder einer großen Pfanne 2 Esslöffel Öl erhitzen und Zwiebel und Brokkoli darin bei mittlerer bis starker Hitze 5 Minuten braten. Knoblauch dazugeben und bei mittlerer Hitze 2 Minuten mitbraten. Gemüse salzen und herausnehmen.

**3.** In dem Bratfett 1 Esslöffel Öl erhitzen und das Fleisch darin bei starker Hitze rundherum 1 bis 2 Minuten unter Rühren braten. Salzen und herausnehmen.

**4.** Austernsauce, Sherry und 150 Milliliter Wasser dazugeben und zum Kochen bringen. Gemüse und Fleisch untermischen und aufkochen. Mit Zucker und Sambal Oelek würzen.

**5.** Basilikum waschen, trockenschütteln und die Blätter von den Stängeln zupfen. Cashewkerne grob hacken. Asia-Rind mit Basilikum und Cashewkernen bestreuen und servieren.

Zutaten für 2 Personen

1 Knoblauchzehe
2 rote Zwiebeln
400 g Brokkoli
Salz
250 g Rumpsteak (ersatzweise Rinderfilet)
3 EL neutrales Öl
4 EL Austernsauce
2 EL trockener Sherry (ersatzweise Weißwein)
1 Prise Zucker
½–1 TL Sambal Oelek
3 Stängel Basilikum
3 EL geröstete, gesalzene Cashewkerne

Zubereitungszeit:
25 Minuten

**TIPP** Als Beilage passen gekochter Reis oder Glasnudeln dazu.

**ALTERNATIVE** Statt des Brokkolis rote Paprikaschoten verwenden. Statt der Cashewkerne Erdnüsse oder geröstete Sesamsaat nehmen.

# PFEFFERSTEAKS MIT ROTWEIN-ZWIEBEL-SAUCE

**1.** Den Backofen auf 170 °C (Umluft 150 °C, Gas Stufe 2) vorheizen. Einen Backrost mit Alufolie auslegen. Rosmarin waschen und trockenschütteln. Zwiebeln abziehen, halbieren und in feine Streifen schneiden. Pfefferkörner in einem Mörser grob zerstoßen.

**2.** Steaks mit jeweils 1 Esslöffel Öl einreiben und mit Salz und Pfeffer würzen. Eine Pfanne stark erhitzen und die Steaks darin rundherum 3 Minuten anbraten. Steaks auf den mit Alufolie belegten Rost legen und im heißen Backofen auf der mittleren Schiene 12 Minuten medium garen.

**3.** Inzwischen 1 Esslöffel Öl im Bratfett in der Pfanne erhitzen. Zwiebeln und Rosmarin darin bei mittlerer Hitze 4 Minuten hellbraun braten. Mit Zucker bestreuen und karamellisieren. Mit Essig, Wein und Brühe ablöschen und 7 Minuten einkochen. Sauce mit Salz und Pfeffer würzen. Die kalte Butter zur Bindung in die Sauce rühren und diese nicht mehr kochen.

**4.** Steaks aus dem Backofen nehmen, kurz ruhen lassen und mit der Rotwein-Zwiebel-Sauce servieren.

Zutaten für 2 Personen

1 Zweig Rosmarin
2 Zwiebeln
1 TL schwarze Pfefferkörner
2 Hüftsteaks vom Rind
(à 220 g, Zimmertemperatur)
3 EL Olivenöl
grobes Meersalz
2 TL Zucker
2 EL dunkler Aceto
balsamico
150 ml Rotwein
100 ml Fleischbrühe
1 EL kalte Butter

Zubereitungszeit:
30 Minuten

**ZUSÄTZLICH**  Dazu passt Baguette als Beilage.

**ZUSATZREZEPT**  Etwas zeitintensiver und ebenso köstlich ist ein Kartoffelstampf als Beilage. Dazu 500 Gramm mehligkochende Kartoffeln schälen und grob würfeln. Kartoffeln in Salzwasser 25 Minuten garen und abgießen. 100 Milliliter Milch mit 1 Esslöffel Butter aufkochen und mit Salz und frisch geriebener Muskatnuss würzen. Milch zu den Kartoffeln geben und mit einem Kartoffelstampfer zerstampfen.

# STEAK
# MIT PAPRIKA-KAPERN-GEMÜSE

**1.** Den Backofengrill vorheizen. Paprikaschoten waschen, putzen, vierteln und entkernen. Die Paprikaviertel mit der Hautseite nach oben auf ein Backblech legen. Paprika unter dem Grill auf der obersten Schiene 6 bis 8 Minuten rösten, bis die Haut schwarze Blasen wirft. Aus dem Backofen nehmen, 5 Minuten mit einem feuchten Geschirrtuch bedecken und anschließend häuten.

**2.** In einer Schüssel gegrillte Paprika, Kapern, Essig und 4 Esslöffel Öl mischen. Mit Zucker, Salz und Pfeffer würzen.

**3.** Rumpsteaks rundherum salzen und pfeffern. Knoblauchzehe mit einem Messerrücken andrücken. Rosmarin waschen und trockenschütteln. 2 Esslöffel Öl in einer Pfanne erhitzen. Steaks darin bei mittlerer bis starker Hitze auf beiden Seiten 4 bis 5 Minuten braten. Knoblauch und Rosmarin mitbraten.

**4.** Steaks mit dem Paprika-Kapern-Gemüse servieren. Dazu nach Belieben frisches Baguette reichen.

Zutaten für 2 Personen

1 gelbe Paprikaschote
2 rote Paprikaschoten
1 EL Kapern
1–2 EL Rotweinessig
6 EL Olivenöl
½ TL Zucker
Salz
Pfeffer, frisch gemahlen
2 Rumpsteaks vom Rind
(à 200 g, Zimmertemperatur)
1 Knoblauchzehe
1 Zweig Rosmarin

Zubereitungszeit:
35 Minuten

**TIPP** Gleich die doppelte Menge Paprika-Kapern-Gemüse zubereiten und am nächsten oder übernächsten Tag als Antipasti mit gerösteten Baguettescheiben und Parmesanspänen servieren.

# LAMMKOTELETTS MIT WALNUSSJOGHURT

**1.** Knoblauch abziehen und 1 ½ Zehen in dünne Scheiben schneiden. Knoblauchscheiben mit Öl und Oregano verrühren. Lammkoteletts waschen, trockentupfen und in einer Auflaufform mit dem Knoblauchöl mischen. Lammkoteletts 10 Minuten marinieren.

**2.** Inzwischen Walnüsse grob hacken, in einer Pfanne ohne Fett goldbraun rösten und herausnehmen. Joghurt glatt rühren und mit Salz, Pfeffer, Zucker und Zitronensaft würzen. Die ½ Knoblauchzehe durchpressen und untermischen.

**3.** Eine Pfanne erhitzen. Lammkoteletts darin auf jeder Seite bei starker Hitze 2 bis 3 Minuten grillen. Dabei die Koteletts mit Salz und Pfeffer würzen.

**4.** Walnüsse unter den Joghurt rühren. Lammkoteletts sofort mit dem Walnussjoghurt servieren.

Zutaten für 2 Personen

2 Knoblauchzehen
4 EL Olivenöl
2 TL getrockneter Oregano
8 Lammstielkoteletts
2 EL Walnusskerne
150 g griechischer
Sahnejoghurt (10 %)
Salz
Pfeffer, frisch gemahlen
1 Prise Zucker
1 EL Zitronensaft,
frisch gepresst

Zubereitungszeit:
25 Minuten

**TIPP** Besonders aromatisch wird das Lammfleisch, wenn es schon morgens mit dem Knoblauchöl mariniert wird. Dann das Fleisch im Kühlschrank aufbewahren und eine halbe Stunde vor der Zubereitung herausnehmen.

**ZUSÄTZLICH** Zu den Lammkoteletts passt Tomatenbulgur mit Schafskäse (Seite 120), Couscoussalat mit Wassermelone (Seite 61), der mediterrane Bauernsalat (Seite 67) oder einfach Weißbrot sehr gut.

# REZEPTREGISTER ALPHABETISCH

Asianudeln mit Hähnchen 128
Asia-Nudel-Pfanne 37
Asia-Rind mit Brokkoli 215
Auberginen-Hack-Auflauf 196
Avocadocreme 23
Avocado-Möhren-Salat 72

Balsamico-Dressing 74
Bavette mit Kohlrabirahm und
   Mettklösschen 144
Bavette mit Raukepesto 48
Birne-Gorgonzola-Pizza 154
Blitz-Bolognese 143
Blitz-Cassoulet 103
Blitz-Chili-Con-Carne 204
Bohnencouscous 125
Bohnen-Thymian-Creme 23
Bulgursalat mit Speckdatteln 66
Buttermilch-Dressing 74

Caesarsalat mit Hähnchen-
   brust 60
Cappellini Aglio Olio 132
Chefsalat 75
Chickenwings 49
Couscoussalat mit Wasser-
   melone 61
Currywurst 30

Doradenfilets mit Fenchelsalat 174

Eier mit Kerbelsauce 44
Entenbrust aus dem Wok 192

Erbsenrisotto mit Morta-
   della 165

Falafel-Tasche 122
Fenchel-Nektarinen-Salat 70
Fisch à la Bordelaise 170
Fisch Caprese 172
Fisch mit Currykruste 180
Fisch-Piccata 184
Fladenbrotpizza Napoli 153
Fleischbällchen-Pasta 135
Forellenbrot mit Meerrettich 24
French Toast 34
Fruchtiges Hähnchencurry 187

Garnelen-Avocado-Salat 64
Garnelenpfanne 40
Gebratener Reis mit Garnelen 162
Gebratenes Zanderfilet mit
   Speckbohnen 175
Gefüllte Tacos 205
Gefülltes Fladenbrot 149
Gelbes Gemüsecurry 92
Gemüsehähnchen vom
   Blech 190
Gemüsepfanne mit Couscous 126
Gemüse-Tortilla 109
Gemüseweizen 104
Glasnudelsalat mit Roastbeef,
   Scharfer 73
Gorgonzola-Birnen-Brötchen 20
Gyros mit Knoblauchkartoffeln 203

Hackfleisch-Rotwein-Sauce 141

Hähnchengeschnetzeltes
   mit Estragon 189
Hamburger ganz klassisch 53
Hirtensalat mit gebratenem
   Ziegenkäse 68
Holzfällersandwich 16

Indische Currysuppe 76

Kartoffeln mit Paprika-Schmand-
   Dip 35
Kichererbsencurry 99
Kichererbsentopf mit Spinat 94
Klare Asiasuppe 84
Knusperhähnchen mit
   Caesar-Salat 186
Knusprike Kartoffelsticks 114
Kokosgarnelen 45
Kokossuppe mit Hähnchen 83
Kräuterhähnchen mit Schmor-
   tomaten 191
Kürbis-Risotto 161

Lachs mit Sesamspargel 176
Lammkotletts mit Walnuss-
   joghurt 219
Linguine mit Erbsen-
   pesto 116
Linsencurry mit Schwein 93
Linsentopf mit Würschen 96

Mac'n'Cheese 118
Mais-Fritters 29
Maissuppe mit Gremolata 88

Mandelfisch mit Brokkoli-
stampf 182
Mediterrane Kartoffelpfanne 106
Mediterraner Bauernsalat 67
Meeresfrüchte-Pasta 134
Minestrone 79
Mini-Pilz-Pizza 156

Nudeln mit Avocado 130
Nudeln mit Tomatensauce 140

Ofenbaguette 27
Ofengemüse mit Dip 108
Omlette mit Käse 32
Orientalische Frikadellen 207
Orientalische Linsensuppe mit
Mandelmischung 87

Paprikapilaw 112
Paprika-Rosmarin-Omlette 33
Paprika-Tomaten-Aufstrich 23
Pasta Caponata 147
Pasta Caprese 131
Pellkartoffeln mit Avocado-
Schnittlauch-Quark 113
Pellkartoffeln mit Gurken-
Paprika-Salsa 113
Pellkartoffeln mit Speck-
schmand 113
Pellkartoffeln mit Tomatensalat
und Ölsardinen 113
Penne mit Zucchini-Gorgonzola-
Sauce 142
Petersilienschnitzel mit
Gurken-Tomaten-Salat 201
Pfeffersteaks mit Rotwein-
Zwiebel-Sauce 216
Pilz-Gnocchi 42
Pilz-Risotto 161
Pilz-Schnitzel 194
Pizza Funghi 151

Pizza Hawaii 151
Pizza klassisch, Grundrezept 150
Pizza Salami 151
Polenta-Schnitzel mit Kartoffel-
salat 115

Quesadillas 38

Radicchio-Risotto 161
Reispapierröllchen 50
Risotto, Grundrezept 160
Rosmarindorade mit getrock-
neten Tomaten 179
Rote-Beete-Apfel-Salat mit
Ziegenkäse 57
Rote-Beete-Suppe mit Sesam-
garnelen 78

Salat mit Äpfeln und Möhren 75
Salat mit Birnen und Käse 75
Salat mit Nektarinen, Mozzarella
und Schinken 75
Salat mit Pilzen und Speck 75
Scaloppine 200
Schafskäse-Petersilien-Creme 23
Scharfes Rind 213
Schnitzel Hawaii 28
Schweinefleisch süß-sauer 199
Schweinemedaillons mit Pilz-
rahm 197
Souflaki mit Zucchini-Tomaten-
Reis 209
Spaghetti Carbonara
klassisch 136
Spanischer Gemüsefladen 123
Spanischer Reiseintopf 98
Spargel-Brot-Salat 58
Speck-Karpern-Pasta 47
Speck-Pilz-Omlette 33
Spinat-Kartoffel-Curry 85
Spinat-Ziegenkäse-Taschen 110

Steak alla Pizzaiola 211
Steak mit Paprika-Kapern-
Gemüse 217
Steak mit Pfefferrahmsauce 212
Süßkartoffelcurry 90

Teriyaki-Honig-Lachs 169
Teriyaki-Nudeln mit Tofu 138
Thailändische Gemüsenudeln 139
Thainudeln 117
Thousand-Island-Dressing 74
Tomaten-Basilikum-Risotto 161
Tomatenbulgur mit Schafs-
käse 120
Tomaten-Flusskrebs-Omlette 33
Tomaten-Kapern-Sauce 141
Tomatensauce all'Arrabbiata 141
Tomatensauce mit Avocado 141
Tomatensauce mit Rucola und
Pecorino 141
Tomatensauce mit Speck und
Balsamico 141
Tomatensuppe, Frische 39
Türkische Pizza 158

Überbackener Schafskäse 102
Überbackenes Seelachsfilet 183

Wurstbrötchen mal anders 25

Ziegenkäse-Panini mit
Tomatenpesto 21
Zitronen Kräuter Dressing 74
Zitronenrisotto 163
Zucchinipizza 155
Zucchinipuffer 18
Zucchinisuppe mit Thymian-
croutons 80
Zuckerschoten-Mango-Salat
mit Ingwerlachs 62
Zwiebelpizza 148

# ... NACH ZUBEREITUNGSZEIT

## 10 Minuten

Avocadocreme 23
Balsamico-Dressing 74
Buttermilch-Dressing 74
Gemüsehähnchen vom Blech
  **(+ Garzeit)** 190
Schafskäse-Petersilien-Creme 23
Zitronen-Kräuter-Dressing 74


## 15 Minuten

Cappellini Aglio Olio 132
Forellenbrot mit Meerrettich 24
Mais-Fritters 29
Omlette mit Käse 32
Paprika-Tomaten-Aufstrich 23
Quesadillas 38
Spaghetti Carbonara klassisch 136
Thousand-Island-Dressing 74
Wurstbrötchen mal anders
  **(+ Backzeit)** 25


## 20 Minuten

Asia-Nudel-Pfanne 37
Bavette mit Raukepesto 48
Bohnencouscous 125
Bohnen-Thymian-Creme 23
Currywurst 30
Eier mit Kerbelsauce 44
French Toast 34
Garnelenpfanne 40
Gefülltes Fladenbrot
  **(+ Backzeit)** 149

Gorgonzola-Birnen-Brötchen 20
Hamburger ganz klassisch 53
Holzfällersandwich 16
Kichererbsencurry 99
Kokosgarnelen 45
Maissuppe mit Gremolata 88
Mediterrane Kartoffelpfanne 106
Mini-Pilz-Pizza **(+ Backzeit)** 156
Nudeln mit Avocado 130
Nudeln mit Tomatensauce 140
Paprika-Rosmarin-Omlette 33
Pellkartoffeln mit Avocado-
  Schnittlauch-Quark 113
Pellkartoffeln mit Gurken-
  Paprika-Salsa 113
Pellkartoffeln mit Speck-
  schmand 113
Pellkartoffeln mit Tomatensalat
  und Ölsardinen 113
Pilz-Gnocchi 42
Reispapierröllchen 50
Salat mit Birnen und Käse 75
Schnitzel Hawaii 28
Speck-Karpern-Pasta 47
Speck-Pilz-Omlette 33
Tomaten-Flusskrebs-Omlette 33
Zucchinipuffer 18
Zwiebelpizza **(+ Backzeit)** 148


## 25 Minuten

Asia-Rind mit Brokkoli 215
Avocado-Möhren-Salat 72
Chefsalat 75

Entenbrust aus dem Wok 192
Fladenbrotpizza Napoli 153
Gebratenes Zanderfilet mit
  Speckbohnen 175
Hirtensalat mit gebratenem
  Ziegenkäse 68
Kartoffeln mit Paprika-
  Schmand-Dip 35
Klare Asiasuppe 84
Lachs mit Sesamspargel 176
Lammkotletts mit Walnuss-
  joghurt 219
Mediterraner Bauernsalat 67
Meeresfrüchte-Pasta 134
Ofenbaguette 27
Pasta Caprese 131
Penne mit Zucchini-Gorgonzola-
  Sauce 142
Salat mit Äpfeln und Möhren 75
Salat mit Nektarinen, Mozzarella
  und Schinken 75
Scaloppine 200
Steak alla Pizzaiola 211
Steak mit Pfefferrahm-
  sauce 212
Tomatenbulgur mit Schafs-
  käse 120
Tomaten-Kapern-Sauce 141
Tomatensauce all'Arrabbiata 141
Tomatensauce mit Avocado 141
Tomatensauce mit Rucola und
  Pecorino 141
Ziegenkäse-Panini mit
  Tomatenpesto 21

## 30 Minuten

Asianudeln mit Hähnchen  128
Bavette mit Kohlrabirahm und Mettklösschen  144
Blitz-Chili-Con-Carne  204
Caesarsalat mit Hähnchenbrust  60
Chickenwings  49
Couscoussalat mit Wassermelone  61
Doradenfilets mit Fenchelsalat  174
Fenchel-Nektarinen-Salat  70
Fisch Caprese  172
Fisch-Piccata  184
Fleischbällchen-Pasta  135
Garnelen-Avocado-Salat  64
Gefüllte Tacos  205
Gelbes Gemüsecurry  92
Gemüsepfanne mit Couscous  126
Gemüse-Tortilla  109
Gemüseweizen  104
Glasnudelsalat mit Roastbeef, Scharfer  73
Gyros mit Knoblauchkartoffeln  203
Hackfleisch-Rotwein-Sauce  141
Hähnchengeschnetzeltes mit Estragon  189
Indische Currysuppe  76
Kichererbsentopf mit Spinat  94
Kokossuppe mit Hähnchen  83
Kräuterhähnchen mit Schmortomaten  191
Linguine mit Erbsenpesto  116
Minestrone  79
Orientalische Linsensuppe mit Mandelmischung  87
Pasta Caponata  147
Petersilienschnitzel mit Gurken-Tomaten-Salat  201

Pfeffersteaks mit Rotwein-Zwiebel-Sauce  216
Pilz-Schnitzel  194
Pizza klassisch, Grundrezept  150
Risotto, Grundrezept  160
Rosmarindorade mit getrockneten Tomaten  179
Rote-Beete-Apfel-Salat mit Ziegenkäse  57
Rote-Beete-Suppe mit Sesamgarnelen  78
Salat mit Pilzen und Speck  75
Scharfes Rind  213
Schweinefleisch süß-sauer  199
Schweinemedaillons mit Pilzrahm  197
Spargel-Brot-Salat  58
Spinat-Kartoffel-Curry  85
Süßkartoffelcurry  90
Teriyaki-Honig-Lachs  169
Teriyaki-Nudeln mit Tofu  138
Thailändische Gemüsenudeln  139
Thainudeln  117
Tomatensauce mit Speck und Balsamico  141
Tomatensuppe, Frische  39
Türkische Pizza  158
Überbackener Schafskäse  102
Überbackenes Seelachsfilet  183
Zucchinisuppe mit Thymiancroutons  80
Zuckerschoten-Mango-Salat mit Ingwerlachs  62

## 35 Minuten

Blitz-Cassoulet  103
Bulgursalat mit Speckdatteln  66
Erbsenrisotto mit Mortadella  165
Falafel-Tasche  122
Fisch à la Bordelaise  170

Fisch mit Currykruste  180
Fruchtiges Hähnchencurry  187
Gebratener Reis mit Garnelen  162
Knusperhähnchen mit Caesar-Salat  186
Knusprike Kartoffelsticks  114
Linsentopf mit Würschen  96
Mandelfisch mit Brokkolistampf  182
Orientalische Frikadellen  207
Paprikapilaw  112
Pizza Funghi  151
Pizza Hawaii  151
Pizza Salami  151
Souflaki mit Zucchini-Tomaten-Reis  209
Spanischer Reiseintopf  98
Steak mit Paprika-Kapern-Gemüse  217
Zitronenrisotto  163

## 40 Minuten

Auberginen-Hack-Auflauf  196
Birne-Gorgonzola-Pizza  154
Blitz-Bolognese  143
Kürbis-Risotto  161
Pilz-Risotto  161
Radicchio-Risotto  161
Spinat-Ziegenkäse-Taschen  110
Tomaten-Basilikum-Risotto  161
Zucchinipizza  155

## 45 Minuten

Linsencurry mit Schwein  93
Mac'n'Cheese  118
Ofengemüse mit Dip  108
Polenta-Schnitzel mit Kartoffelsalat  115
Spanischer Gemüsefladen  123

# IMPRESSUM

1. Auflage

© 2016 by Bassermann Verlag, Original-
ausgabe by Südwest Verlag, einem Unter-
nehmen der Verlagsgruppe Random House
GmbH, 81637 München.

## Hinweis

Die Ratschläge/Informationen in diesem
Buch sind von Autorin und Verlag sorgfältig
erwogen und geprüft. Dennoch kann eine
Garantie nicht übernommen werden. Eine
Haftung der Autorin bzw. des Verlags und
seiner Beauftragten für Personen-, Sach-
und Vermögensschäden ist ausgeschlossen.

## Bildnachweis

**Foodfotos und Requisitenstyling**
Maike Jessen, www.maikejessen.de
**Foodstyling** Anne Lucas, www.annelucas.de

**Redaktionsleitung** Herta Winkler
**Projektleitung** Eva Wagner, Dr. Margit Roth
**Layout** Katja Muggli
**DTP, Gesamtproducing**
Grafikdesign Hansen – Jan-Dirk Hansen
**Redaktion** Dr. Ute Paul-Prößler
**Bildredaktion** Tanja Nerger, Sabine Kestler
**Korrektorat** Susanne Langer,
Dr. Ulrike Kretschmar
**Litho** Regg Media, München
**Satz für diese Ausgabe** Nadine Thiel,
kreativsatz, Baldham
**Druck und Verarbeitung**
Druckerei Theiss, St. Stefan im Lavanttal

Printed in Austria

Verlagsgruppe Random House FSC® N001967

Gedruckt auf dem FSC®-zertifizierten
Papier *Profimatt*.

ISBN 978-3-8094-3495-5

5790892601137 579087750112